中国社会科学院国情调研特大项目"精准扶贫精准脱贫百村调研"

精准扶贫精准脱贫百村调研丛书

CASE STUDIES OF TARGETED POVERTY REDUCTION AND
ALLEVIATION IN 100 VILLAGES

李培林／主编

精准扶贫精准脱贫
百村调研·百豪村卷

深度贫困地区的多维贫困治理

侯慧丽　黄婉婷／著

社会科学文献出版社
SOCIAL SCIENCES ACADEMIC PRESS (CHINA)

中国社会科学院国情调研特大项目
"精准扶贫精准脱贫百村调研"
项目协调办公室

主　任：王子豪

成　员：檀学文　刁鹏飞　闫　珺　田　甜　曲海燕

总　序

　　调查研究是党的优良传统和作风。在党中央领导下，中国社会科学院一贯秉持理论联系实际的学风，并具有开展国情调研的深厚传统。1988年，中国社会科学院与全国社会科学界一起开展了百县市经济社会调查，并被列为"七五"和"八五"国家哲学社会科学重点课题，出版了《中国国情丛书——百县市经济社会调查》。1998年，国情调研视野从中观走向微观，由国家社科基金批准百村经济社会调查"九五"重点项目，出版了《中国国情丛书——百村经济社会调查》。2006年，中国社会科学院全面启动国情调研工作，先后组织实施了1000余项国情调研项目，与地方合作设立院级国情调研基地12个、所级国情调研基地59个。国情调研很好地践行了理论联系实际、实践是检验真理的唯一标准的马克思主义认识论和学风，为发挥中国社会科学院思想库和智囊团作用做出了重要贡献。

　　党的十八大以来，在全面建成小康社会目标指引下，中央提出了到2020年实现我国现行标准下农村贫困人口脱贫、贫困县全部"摘帽"、解决区域性整体贫困的脱贫攻坚目标。中国的减贫成就举世瞩目，如此宏大的脱贫目标世所罕见。到 2020 年实现全面精准脱贫是党的十九大提出的三大攻坚战之一，是重大的社会目标和政治任务，中国的贫困地区在此期间也将发生翻天覆地的变化，而变化的过程注定不会一帆风顺或云淡风轻。记录这个伟大的过程，总结解决这个世界性难题的经验，为完成这个攻坚战献计献策，是社会科学工作者应有的责任担当。

2016 年，中国社会科学院根据中央做出的"打赢脱贫攻坚战"战略部署，决定设立"精准扶贫精准脱贫百村调研"国情调研特大项目，集中优势人力、物力，以精准扶贫为主题，集中两年时间，开展贫困村百村调研。"精准扶贫精准脱贫百村调研"是中国社会科学院国情调研重大工程，有统一的样本村选择标准和广泛的地域分布，有明确的调研目标和统一的调研进度安排。调研的 104 个样本村，西部、中部和东部地区的比例分别为 57%、27% 和 16%，对民族地区、边境地区、片区、深度贫困地区都有专门的考虑，有望对全国贫困村有基本的代表性，对当前中国农村贫困状况和减贫、发展状况有一个横断面式的全景展示。

在以习近平同志为核心的党中央坚强领导下，党的十八大以来的中国特色社会主义实践引导中国进入中国特色社会主义新时代，我国经济社会格局正在发生深刻变化，脱贫攻坚行动顺利推进，每年实现贫困人口脱贫 1000 多万人，贫困人口从 2012 年的 9899 万人减少到 2017 年的 3046 万人，在较短时间内实现了贫困村面貌的巨大改观。中国社会科学院组建了一百支调研团队，动员了不少于500名科研人员的调研队伍，付出了不少于3000个工作日，用脚步、笔尖和镜头记录了百余个贫困村在近年来发生的巨大变化。

根据规划，每个贫困村子课题组不仅要为总课题组提供数据，还要撰写和出版村庄调研报告，这就是呈现在读者面前的"精准扶贫精准脱贫百村调研丛书"。为了达到了解国情的基本目的，总课题组拟定了调研提纲和问卷，要求各村调研都要执行基本的"规定动作"和因村而异的"自选动作"，了解和写出每个村的特色，写出脱贫路上的风采以及荆棘！对每部报告我们都组织了专家评审，由作者根据修改意见进行修改，直到达到出版要求。我们希望，这套丛书的出版能为脱贫攻坚大业写下浓重的一笔。

中共十九大的胜利召开，确立习近平新时代中国特色社会主义思想作为各项工作的指导思想，宣告中国特色社会主义进入新时代，中央做出了社会主要矛盾转化的重大判断。从现在起到2020年，既是全面建成小康社会的决胜期，也是迈向第二个百年奋斗目标的历史交会期。在此期间，国家强调坚决打好防范化解重大风险、精准脱贫、污染防治三大攻坚战。2018年春节前夕，习近平总书记到深度贫困的四川凉山地区考察，就打好精准脱贫攻坚战提出八条要求，并通过脱贫攻坚三年行动计划加以推进。与此同时，为应对我国乡村发展不平衡不充分尤其突出的问题，国家适时启动了乡村振兴战略，要求到2020年乡村振兴取得重要进展，做好实施乡村振兴战略与打好精准脱贫攻坚战的有机衔接。通过调研，我们也发现，很多地方已经在实际工作中将脱贫攻坚与美丽乡村建设、城乡发展一体化结合在一起开展。可以预见，贫困地区的脱贫攻坚将不再只局限于贫困户脱贫，我们有充分的信心从贫困村发展看到乡村振兴的曙光和未来。

是为序！

全国人民代表大会社会建设委员会副主任委员

中国社会科学院副院长、学部委员

2018 年 10 月

前　言

　　党的十八大重申"两个一百年"奋斗目标，现阶段是实现"建党一百年目标"的关键时期。十九大的召开再一次明确了"精准扶贫"的重要思想。全面实施精准扶贫政策有利于增加贫困群体的可支配收入，提升贫困地区的生活水平，促进落后地区产业的长足可持续发展，从而实现全面小康、共同富裕的建设目标。

　　本书是"精准扶贫精准脱贫百村调研"在广西东兰县百豪村调研的研究成果之一。百豪村位于广西壮族自治区东兰县，地处云贵高原，既是省定贫困村也是国家级贫困村，处于脱贫攻坚战最前沿，是精准扶贫工作开展的重点地区。百豪村自然条件恶劣，经济发展落后，公共服务设施配套不齐全，是典型深度贫困落后地区。此次调研选取百豪村作为调研地点，可以以小见大，深入了解当地精准扶贫的实施效果与发展障碍。调研小组以入户访谈和焦点组访谈为主，同时完成1份村问卷和63份入户问卷，通过实地走访建档立卡户和非建档立卡户获得第一手调研资料，了解当地的脱贫动态和帮扶政策中存在的缺陷，重点记录百豪村的精准扶贫政策开展情况。

本书第一章介绍中国扶贫的历史发展、研究背景及意义。第二章以调研事实为基础介绍百豪村基本信息及扶贫工作成果。第三章从多维贫困的视角出发评测百豪村扶贫效果。过去扶贫多采用"缺哪补哪"的"填鸭"式举措，自2015年精准扶贫进村后，家家户户领了鸡苗鸭苗作为生产启动物资，配合信用社的无息贷款，村里的养殖业渐渐兴起。产业扶贫措施逐渐成为主流。第四章主要分析百豪村产业扶贫遇到问题的潜在原因。第五章以公共服务为切入点分析百豪村的贫困。第六章透过现象看本质，深度分析百豪村贫困家庭福利依赖的问题。第七章则跳出传统研究范围，研究百豪村基层治理与精准扶贫的关系，特别是驻村第一书记对当地的影响。第八章概括重点内容，总结本研究的主要发现和观点，提出在精准帮扶个体家庭的趋势下，扶贫政策要根据地区及发展水平来分阶段实行，针对深度贫困地区提出合理的对策建议。

目　录

// 001　第一章　绪　论

/ 004　第一节　中国的扶贫道路

/ 008　第二节　"信息时代"的精准扶贫

/ 013　第三节　本书的方法、结构与特点

// 021　第二章　百豪村的基本状况及其扶贫之路

/ 023　第一节　百豪村基本状况

/ 032　第二节　东兰县的十年扶贫历史

/ 039　第三节　百豪村精准扶贫项目实践

/ 048　第四节　百豪村精准扶贫的初步效果

// 053　第三章　多维贫困视角下的百豪村贫困透视

/ 055　第一节　多维贫困视角理论及其研究发展

/ 059　第二节　百豪村致贫原因分析及贫困现状描述

/ 076　第三节　百豪村收入差距及其收入再分配效应

/ 086　第四节　百豪村的多维贫困测量

// 095　第四章　产业扶贫与市场化

　/ 099　第一节　产业扶贫与市场化

　/ 106　第二节　集体经济的缺失

　/ 115　第三节　发展产业扶贫对策建议

// 121　第五章　百豪村低水平的公共服务与贫困

　/ 123　第一节　公共服务与贫困的关系

　/ 129　第二节　百豪村公共服务与基础设施发展情况

　/ 134　第三节　百豪村公共服务与基础设施

　/ 144　第四节　改善公共服务水平的对策建议

// 149　第六章　精准扶贫中的福利依赖

　/ 152　第一节　何谓福利依赖

　/ 158　第二节　百豪村贫困人口福利依赖的几个典型表现

　/ 170　第三节　精准扶贫中福利依赖的几种解释

　/ 176　第四节　避免福利依赖对策建议

// 181　第七章　精准扶贫背景下百豪村基层治理现状

　/ 183　第一节　驻村第一书记制度

　/ 188　第二节　百豪村乡村治理现状

　/ 191　第三节　百豪村精准扶贫过程中的基层贫困治理能力

　/ 200　第四节　完善基层治理对策建议

// 205　第八章　百豪村深度贫困治理路径分析

// 213　附　录

/ 215　附录一　广西东兰县百豪村调研流程
/ 218　附录二　广西东兰县百豪村调查方法

// 223　参考文献

// 231　后　记

第一章

绪　论

作为世界上最大的发展中国家，贫困一直是中国要解决的重大问题之一。新中国成立以来，中国扶贫从计划经济时期救济式扶贫到社会主义市场经济时期开发式扶贫再到精准式扶贫，中国的扶贫政策、扶贫目标、扶贫对象和扶贫方式随着时代的发展不断调整完善。计划经济时期的救济式扶贫对于当时范围广、程度深的贫困，减贫收效甚微。在过去的近四十年中，中国在扶贫方面取得了巨大成绩。中国的贫困人口从1978年的7.7亿人减少到2015年的5575万人，减少了7.1亿多人。① 中国贫困人口的急速减少为世界经济的发展做出了巨大贡献。特别是2000年以后，中国农村的贫困性质从区域性、整体性贫困向个体性贫困

①　史志乐：《1978~2015中国扶贫演进历程评述》，《中国市场》2016年第24期。

转变,^① 国务院颁布的《中国农村扶贫开发纲要（2001~2010年）》中提出了贫困地区和贫困人口综合发展的扶贫方针,此后的以"六个精准、五个一批"为主要内容的精准扶贫的开展为扶贫效率的提高提供了技术上、政策上的支持。虽然中国的扶贫取得了巨大成效,但是仍然存在很多不可避免的问题和缺陷,即使在精准扶贫实施以来,各种问题也时时显露,因此在新形势下,我们要及时掌握贫困发生的特点和出现的问题。在精准扶贫实施以来,扶贫政策和扶贫效果的调查和研究具有重要意义。正是在不断发现并解决问题的过程中,政策得以不断调整,最终形成一套适合中国国情的扶贫体系,也将为世界减贫提供丰富的经验。

第一节　中国的扶贫道路

一　1978~1990 年,以促进农村经济发展为目标的帮扶式扶贫

1978 年之前,中国处于普遍贫困状态,尤其是农村地区尚处于绝对贫困状态,解决温饱问题成为扶贫目标。由于新中国成立初期学习苏联模式,中国采取的是城市偏向

---

① 都阳、蔡昉:《中国农村贫困性质的变化与扶贫战略调整》,《中国农村观察》2005 年第 5 期。

和重工业偏向政策，工作重心一直放在发展城市和重工业上。随着改革开放工作的开展，政府逐渐把注意力转移到经济发展上来，中国的扶贫工作也迎来了第一个春天。这期间的扶贫模式主要是：通过农村经济改革推动当地经济发展来脱离贫困。家庭联产承包制大大激发了农民的积极性，粮食产量也大大提高，农村经济在这一时期发展迅速。1980 年，中央财政设立了"支援不发达地区"的专项帮扶基金；1982 年开始计划帮扶"三西地区"；1985 年农村绝对贫困人口下降到 1.25 亿人，贫困发生率减少为14.8%，平均每年减少 1786 万人。这一时期成为中国历史上减贫速度最快、减贫效果最显著的时期。[①]1986 年开始，国务院成立了针对贫困地区的经济开发领导小组，自此中国正式开始了有组织有计划的大规模农村扶贫活动。这一阶段扶贫工作主要由政府主导，贫困户的认定也缺乏统一的标准，大多由当地干部主观判断。

二　1991~2000 年，以促进区域发展为目标的开发式扶贫

在这个阶段中，中国的扶贫模式逐渐向开发式扶贫转变。经济改革的成果帮助贫困地区居民逐渐脱离困境。但是经济增长促进收入快速增加的同时造成的区域之间贫富差距的拉大也是一个不容小觑的问题。为了使落后地区也能尽快富裕起来，政府成立了专门扶贫工作机构，把县作

---

① 杨宜勇、吴香雪：《中国扶贫问题的过去、现在和未来》，《中国人口科学》2016 年第 5 期。

为扶贫攻坚的扶贫单元。贫困县一般还下辖许多贫困村，这种贫困地区一般都整体落后于周边地区，适合成片开发当地潜力，帮助他们脱贫。

这种政府主导的开发式扶贫对当时的扶贫工作起到了很大的积极作用，使中国贫困人口规模持续以较快速度缩小，取得了瞩目的成效。但不可否认的是，困扰农民的温饱问题依然没有完全得到解决，为此国务院颁布了《国家八七扶贫攻坚计划》。"八七计划"以县为单位，扶贫方法更加科学，扶贫目标更加精准，充分调动社会各界资源帮助"八七计划"顺利进行。"这一阶段农村贫困人口降到3000万人左右，其中绝大部分为特殊贫困群体。"[①] 自此，中国基本上解决了广大农村地区的温饱问题。

三 2000~2010 年，新时期以"整村推进"为代表的综合开发阶段

进入 21 世纪，在基本解决温饱问题的基础上，中国的扶贫工作也面临着新的机遇和挑战。随着贫困人口的规模不断缩小，贫困地区不断分散，扶贫工作的重心也由县一级向村一级转移，扶贫工作进一步细化。仅 2001 年，中国就确立了14.8 万个重点贫困村，覆盖了全国 80% 左右的贫困人口。国务院颁布的《中国农村扶贫开发纲要（2001~2010 年）》中明确要求以下几点：制定开发式扶贫政策，扶持贫困地区全面

---

① 杨宜勇、吴香雪:《中国扶贫问题的过去、现在和未来》,《中国人口科学》2016 年第 5 期。

发展，进一步改善当地居民生活质量，提出扶贫效果的可持续性；引导群众不消极不悲观，帮助群众树立对抗贫穷的信心；团结和培育社会扶贫力量，灵活处理扶贫过程中出现的各种问题。扶贫办在总结新中国成立以来扶贫成果经验的基础上，结合当时经济发展的状况，制定了以贫困村为扶贫单位、整村推进的扶贫计划，在全国范围开展"整村推进扶贫工作"。在对各项数据进行分析的基础上，学者认为此阶段虽然减贫速度有所下降，[①] 但农村的绝对贫困人口规模依然在不断缩小，广大农民的生活质量有了质的飞跃。在全面建成小康社会的方针引导下，政府开始重视中国的相对贫困问题，这是扶贫理念上的一次重大进步。

四　2010 年至今，以全面消除贫困为目标的创新精准扶贫模式的扶贫攻坚新阶段

改革的进一步深化，经济社会的进一步发展，使贫困人口的生活水平也随之改善。但国内外对中国取得的扶贫成果的质疑渐渐浮现。尽管中国的扶贫工作进展飞速，但这是一种低水平的脱贫，并没有达到国际上每人每天一美元的标准。在这种形势下，中国面临的反贫困环境更为复杂，反贫困任务也更加繁重。一方面，随着脱贫标准的提高，中国仍存在规模庞大的农村贫困群体；另一方面，农村的剩余劳动力持续向城市转移，导致农村空心化，农村

---

① 杨宜勇、吴香雪：《中国扶贫问题的过去、现在和未来》，《中国人口科学》2016 年第 5 期。

的贫富差距问题凸显。

为了加快实现贫困地区脱贫致富、缩小发展差距、全面建成小康社会的战略目标，国务院制定了《中国农村扶贫开发纲要（2011~2020年）》，作为新时期扶贫工作总纲领。进一步提高了贫困线，更多的贫困人口被纳入救助范围，扶贫手段则采用了创新的精准扶贫模式。农村地区的贫困问题困扰中国多年，史志乐认为，新的阶段一方面要超越并结合县、村、户三个层次形成的区域层次来把握整体性扶贫需求，缩小各地发展差距；另一方面也要从具体贫困户的困境入手开展扶贫工作，打赢这场旷日持久的扶贫攻坚战。[①] 由此可见，要真正实现全面脱贫、全面建成小康社会的宏伟目标，就必须做到把区域精准和个体精准结合起来，坚持贯彻精准扶贫的具体要求。

第二节 "信息时代"的精准扶贫

一 精准扶贫提出的时代背景

习近平总书记在2013年11月于湖南湘西考察时，首次提出了"精准扶贫"：扶贫要实事求是，因地制宜；要精

---

① 史志乐：《1978~2015中国扶贫演进历程评述》，《中国市场》2016年第24期。

准扶贫，切忌喊口号，也不要定好高骛远的目标。[①]紧接着，中共中央办公厅印发《关于创新机制扎实推进农村扶贫开发工作的意见》，国务院出台《关于印发〈建立精准扶贫工作机制实施方案〉的通知》和《关于印发〈扶贫开发建档立卡工作方案〉的通知》，对于精准扶贫工作的宏观设计、整体布局做了细致入微的规划，指导精准扶贫工作的顺利开展。精准扶贫思想在今后的扶贫工作中起着重要的指导作用，对全面脱贫摘帽的目标实现具有决定性作用。

目前中国已经进入经济发展的新常态，国民收入正步入中等发达国家行列，人民生活水平也得到巨大改善。新常态下的经济发展呈现出全新的特征，要求保证质量，一步一个脚印地踏步向前，经济新常态也对中国的扶贫工作提出了更加具体的要求。一直以来，中国的扶贫工作都有着低针对性、低持续性、高返贫率等缺点。显然这种"不拘小节"的粗放式扶贫已经无法满足新时代的扶贫需求，无法解决贫困户的真正需求。经济新常态的大背景下，中国的扶贫工作也将呈现新常态的特征。[②]

经济新常态提倡由规模型的粗放式增长转向效率型的集约式增长，由先富先好型转向包容型。这些都是宏观战略上的改革与变化。扶贫工作实际上也属于经济活动，也要遵循这些方针变化。对于当下的精准扶贫来说，这对其

[①] 曾伟、刘雅萱:《习近平的"扶贫观":因地制宜"真扶贫，扶真贫"》，人民网，2014年10月17日，http://politics.people.com.cn/n/2014/1017/c1001-25854660.html。

[②] 刘解龙:《经济新常态中的精准扶贫理论与机制创新》，《湖南社会科学》2015年第4期。

扶贫工作的精准性提出了更高的要求。一方面要求政府在其中承担的责任更加精准，另一方面要求对社会资源的利用更加充分规范，两者相辅相成。我们应当做好充足的准备，迎接新常态下精准扶贫工作可能面临的各种挑战。

二　精准扶贫政策的科学内涵

精准扶贫是相对于粗放扶贫的一个概念。具体是指针对不同贫困区域环境、不同贫困农户状况，运用科学有效的程序对扶贫对象实施精确识别、精确帮扶、精确管理的治贫方式。[①] 精准扶贫和精准脱贫要求在扶贫过程中做到"六个精准"和"五个一批"，即扶贫对象精准、项目安排精准、资金使用精准、措施到户精准、因村派人精准、脱贫成效精准和大力发展生产脱贫一批、易地搬迁脱贫一批、生态补偿脱贫一批、发展教育脱贫一批、社会保障兜底一批。[②] 遵循高效合理的运行机制，针对扶贫对象开展精准识别、精准帮扶、精准管理，持续发展长期有效的扶贫工作机制。

（一）精准识别

精准识别是精准扶贫的第一步，通过公平有效的程序

[①] 赵武、王姣玥：《新常态下"精准扶贫"的包容性创新机制研究》，《中国人口·资源与环境》2015 年第 A2 期。

[②] 《精准扶贫脱贫的基本方略是六个精准和五个一批》，国务院新闻办公室网站，2015 年 12 月 15，http://www.scio.gov.cn/xwfbh/xwbfbh/wqfbh/2015/33909/zy33913/Document/1459277/1459277.htm。

将扶贫对象精准化，精确到村和个人。目的是把所有符合条件的贫困户无一例外纳进扶贫体系中，把不符合贫困标准的排除在体系之外，并且通过建档立卡为每户贫困村民建立档案，使其致贫原因、脱贫需要以及今后发展一目了然。信息技术的飞速发展为我们建立统一的贫困户信息系统提供了便利条件。在具体实施过程中，由驻村第一书记带领扶贫小队深入每家每户按照标准进行打分，且贫困村的村干部不参与打分，从而保证每户所得分数公平公正。

（二）精准帮扶

在精准识别出贫困户之后，根据村中贫困户的具体情况制定符合其实际需要的帮扶计划，确保该贫困户在 2020 年之前能够顺利脱贫，并且真正走向小康之路。一直以来，扶贫工作的主要责任都是由政府来承担，社会组织和个人的扶贫功能被弱化。精准帮扶工作中，每个贫困村都有由当地企业组织的二次扶贫小队，贫困户都有对应的责任人，社会资源得到充分利用，这也是中国扶贫工作的一大进步。

（三）精准管理

精准管理为精准扶贫工作的顺利开展保驾护航，要求有关部门在开展工作时做到公正、公开。要建立贫困户信息管理系统，将贫困户的各项信息及后续发展情况都追踪录入该系统中。首先建立精准扶贫的准入退出机制，确保真正有需要的贫困户被吸纳得到帮扶；其次对扶贫资金建立严格的监督管理制度，保障扶贫资金专款专用，加大监管力度，防止挪用盗用、贪污资金的现象发生；最后还要建立可持续发展的帮扶体制，"授人以鱼不如授人以渔"，因地制宜，选择符合当地需求的扶贫政策，培养贫困户脱离贫困的能力而不是单单给予物质帮助，从源头上扶贫脱贫，防止贫困延续。

综上所述，精准扶贫在解决历史遗留问题的同时还给贫困户的自身发展带来了新的契机，是全面消除贫困的长期可行办法。

在2017年10月底结束的中国共产党第十九次代表大会上依然把精准扶贫摆在了首要战略位置。十九大报告指出，从现在到2020年，是全面建成小康社会决胜期。全面摘帽脱贫、建设小康社会符合广大人民群众的根本利益，顺民心，合民意。贫困是全世界共同面临的历史难题，消除贫困却非一朝一夕之事。新时期的扶贫工作有过去打下的坚实基础，社会各界应齐头并进，共同努力，坚决打赢脱贫攻坚战。

新中国成立以来，中国一直在扶贫实践—反思充实理论—扶贫实践的过程中摸索，试图探索一条符合中国国情的扶贫理论来指导扶贫脱贫工作。因此对扶贫的深入研究是从实践到理论升华的必经过程。但是在60多年的扶贫道路上，中国还未形成比较成熟的理论来指导扶贫工作。精准扶贫是最新的扶贫实践方式，也是中国反贫事业在长期扶贫经验基础上的又一次提升，对农村精准扶贫进行深入研究不仅可以及时发现问题，调整政策方向，为实践积累经验，而且在理论上可以不断归纳，形成一套具有指导意义的新时期的扶贫理论，对中国乃至世界的扶贫减贫都是一个巨大的贡献。

第三节　本书的方法、结构与特点

2016 年中国社会科学院组织实施了"精准扶贫精准脱贫百村调研"国情调研特大项目。此次调研在全国范围内选取具有代表性和典型性的 100 个贫困村，包括一定比例的 2010 年以来已经脱贫的村庄（行政村）。村庄调研的主要内容包括村庄基本状况、贫困状况及其演变、贫困的成因、减贫历程和成效、脱贫发展思路和建议等，以及在调研过程中结合村庄特点的专题性研究。

百村调研的目的是了解中国典型贫困地区的经济发展现状、精准扶贫工作难点所在。这 100 个贫困村处在扶贫攻坚的最前线，通过实地走访建档立卡户和非建档立卡户可以获得第一手调研资料，了解当地的脱贫动态和帮扶政策中存在的缺陷。在此基础上进行数据统计，分析致贫因素。从百村精准扶贫工作实践中总结脱贫攻坚的经验教训，为扶贫脱贫事业的进一步开展提供对策建议。

本书是"精准扶贫精准脱贫百村调研"在广西东兰县

第一章｜绪论

百豪村调研的研究成果之一。百豪村位于广西壮族自治区东兰县，地处云贵高原，既是省定贫困村也是国家级贫困村，处于脱贫攻坚战最前沿，是精准扶贫工作开展的重点地区。百豪村具有贫困地区的典型特征，交通不便、生产技术落后、耕地条件较差等，是考察扶贫效果、发现脱贫困难的理想选择。由于其历史因素、地理环境恶劣及经济发展滞后，百豪村一直是国家重点扶贫地区。对这样的深度贫困地区的研究，是深入了解精准扶贫实施效果和村庄问题的重要入口。

百豪村是一个老、少、边、穷、山及库区集于一身的国家级贫困村，是典型的石漠化包围地区。村民居住分散、自然条件差、交通不便、通信不畅、饮水设施简陋、公共服务不到位等问题不容乐观。百豪村由 22 个自然村（屯）组成，共有 37 个村民组，总面积 19.6 平方公里。全村共有 2983 人，729 户人家，2016 年实行精准识别后，全村贫困户数为 194 户，贫困人口 693 人，比例约为 26.6%。

对一个村庄进行调研，深入的个案访谈和小组座谈是最切合实际的研究方法。因此对百豪村的调查，一方面对建档立卡户和非建档立卡户分别抽样 30 户进行了问卷调查，另一方面大量进行个案访谈和小组座谈。在本书的写作中也使用了村庄问卷和入户问卷的定量分析，但主要还是使用深度访谈为主的个案分析方法。

随着贫困理论的演进，人们认识到贫困是一个多维的概念，不仅仅是收入水平和消费水平的贫困，还是教育、健康、基本公共设施获得上的贫乏。多维贫困理论是以阿马蒂亚·森"贫困是能力的贫困"思想为基础发展而来。多维贫困理论认为收入匮乏在市场不完善或不存在的现实情境下，无法完全反映个体或家庭的被剥夺程度。要正确衡量个体或家庭的贫困程度，就必须从多个功能性维度来考虑个体或家庭被剥夺的状况。本文将从多维贫困的视角来分析百豪村的贫困。本书的写作逻辑是对百豪村用多维贫困的方法进行贫困维度的测量，发现百豪村最主要的致贫因素，并在此基础上有针对性地分析贫困成因，提出相应对策建议。

本书的内容主要由以下几部分构成。

第一章绪论主要介绍中国扶贫的历史发展、目前扶贫所处的时代背景和本研究的重要意义。从新中国成立开始，中国的扶贫经历了不同的方式，虽然不同的扶贫方式都为中国减贫做出了巨大贡献，并且中国从改革开放后经济高速增长，人们收入显著增加，但同时收入差距也迅速增大。贫困人口减少，相对贫困的深度却在加强。同时由于经济和社会体制的转型，农村中存在不适应转型社会而陷入贫困的人口。2013 年，习近平总书记提出"精准扶贫"，扶贫工作进入新阶段。中央制定了脱贫时间表，即在 2020 年全部实现脱贫。在如此紧迫的时间内完成全部脱贫的宏大任务必须以科学论证为基础。因此及时发现精准扶贫中存在的问题并不断完善扶贫政策是保证扶贫目标顺利实现的一项重要内容。

第二章主要介绍百豪村的基本状况和其贫困历史。了解一个村庄的现状必须了解这个村庄的历史。作为深度贫困地区，百豪村贫困历史较长，其致贫原因复杂，对村基本状况和扶贫历史的介绍有助于我们目前精准扶贫的理解和判断。在此基础上，本章还介绍了精准扶贫在百豪村开展的扶贫项目及其初步效果。

第三章从多维贫困的视角对百豪村进行了贫困问题的透视。百豪村的致贫原因比较复杂，公共服务的缺失导致教育资源贫乏、居住环境恶劣、交通设施落后和医疗服务可及性差等，集体经济从未在扶贫中发挥过作用，个人受教育水平低，福利依赖仍然存在，各种致贫因素都不同程度存在。本章利用多维贫困理论对百豪村的贫困状况进行了分析，发现在复杂的致贫因素中，收入、教育、生活质量对贫困的贡献率最高，分别达到21.49%、25.96%、19.87%，其中户主的受教育程度对家庭的贫困贡献率超过收入。另外，公共服务缺失对贫困的贡献率为15.67%，由于公共服务和生活设施等的界定不易分清，因此本书在分析时将公共服务与生活设施合并分析。这几个因素是百豪村贫困分析的重点。

第四章从产业扶贫的角度观察百豪村贫困的原因。产业扶贫是一种具有活力的扶贫方式，一直以来被作为一种重要扶贫方式，但是在百豪村，由于环境条件等限制，农业产业无法规模化，产业扶贫仅限于养殖、种植业等项目，养殖品种限于鸭、羊等有限种类，因为没有预先做好市场评估，最终造成同质竞争而价格低下，未发挥产业扶贫的作用。同时，集体经济在百豪村一直处于缺失状态，集体经济在扶贫中的作用是空白。发展产业扶贫和集体经济并发挥集体经济在扶贫中的力量成为扶贫的一条路径。

第五章以公共服务为切入点分析百豪村的贫困。教育、健康等是致贫的主要原因，按照多维贫困理论，教育和健康的缺乏本身就是贫困的表现，教育和健康扶贫是关键性的扶贫，而教育、健康又是公共服务的主要内容，从对百豪村多维贫困的测量中可以看出，教育对百豪村的贫困贡献率很高。同时百豪村的交通设施缺乏，公共卫生医疗条件差，饮用水、垃圾处理等公共设施技术落后，这些都影响了百豪村村民健康，也是致贫的关键因素。百豪村作为深度贫困地区，改变公共服务设施落后的状态是扶贫的基础。本章最后提出了通过提高公共服务水平来脱贫的建议。

第六章分析了百豪村贫困家庭福利依赖的问题。贫困有外部结构性因素，还有贫困人口自身对待贫困的行为、态度等原因。贫困自卑感缺乏、过度消费以及不愿意退出贫困是百豪村贫困人口福利依赖的典型表现。除了传统的集体主义互助思想导致福利依赖外，对贫困人口的识别偏差造成的不公平、运动式的扶贫方式都助长了扶贫中的福利依赖。

第七章从驻村第一书记与乡村基层贫困治理能力的关系来探讨驻村干部的扶贫能力与乡村治理能力在扶贫中所起的作用。驻村第一书记制度实行以来，驻村第一书记在扶贫中所起的作用显著，但是也存在不少问题。在对百豪村的调查中发现，驻村第一书记能力强，与上级政府和乡镇、村委干部都能相处融洽，但是在驻村第一书记过强的能力下，缺乏对村委会班子的能力培育，没有培育出基层贫困治理能力，因此对驻村第一书记的要求不仅是扶贫成效，更重要的是当地基层贫困治理能力的培养，为建立可持续脱贫机制、形成基层治理能力打下基础。

第八章总体概括了本书的内容，总结了本研究的主要论点和发现，认为目前越来越倾向于精准个体家庭的精准扶贫要根据地区及发展水平来分阶段实行。在百豪村这样的深度贫困地区，基本公共服务和公共设施等还没有完善的情况下，如果只是精准到贫困户个体家庭，扶贫效果会大打折扣，不找准贫困原因从而有的放矢，就无法达到脱贫成效精准。对于深度贫困地区，贫困的原因是多维的，按照多维贫困理论，除了收入贫困，基本公共服务的缺失也是一种贫困，那么扶贫就要从多个方面进行。在深度贫困地区，重要的是先发展公共服务和公共设施，在具备一定基础之后，再去实行其他扶贫。除此之外，由于长期贫困，村民的福利依赖思想严重，要及时防范这种思想的蔓延，以免影响扶贫效果。从精准扶贫出发，基于对百豪村的调查和多维贫困视角分析，针对深度贫困地区提出以下对策建议：一是建立可追踪扶贫效果的反馈机制；二是同时进行结构性制度扶贫与文化性扶贫；三是加快公共服务和公共基础设施建设；四是发展集体经济，注意将产业扶贫与市场运行规律相结合；五是扶贫治理力量要与当地乡村治理相结合；六是进一步完善社会保险制度和提高社会保障水平；七是利用现代化科技手段，比如建立贫困户网络信息平台，发展电商扶贫。

最后，本书将调查的过程及方式以附录形式呈现出来，以便读者更好地了解百豪村的情况。

第二章

百豪村的基本状况及其扶贫之路

第一节　百豪村基本状况

一　自然环境

　　百豪村是一个由 22 个自然村组成的行政村。当地把村也叫作"屯"，共有 37 个村民组，总面积 19.6 平方公里，是一个老、少、边、山、穷、库区集于一身的国家级贫困村。百豪村位于广西西北部，东傍河池市，西邻凤山县，南接巴马县、都安县，北连天峨县、南丹县。距离最近的车站 6 公里，离县城 12 公里，离自治区首府南宁 295 公里。百豪村是典型的土坡和石山村，是岩滩库区村，全村耕地面积 823 亩，林地 2400 万亩，退耕还林 1100 亩，受地形限制草地很少。种植业以种植水稻、玉米为主，畜牧业以饲养猪、鸡为主。百豪村共有 2983 人，729 户人家，其中 2016 年建档立卡总人口数为 693 人，194 户，比例约为 26.6%。还有 8 个自然屯不通屯级路，30% 的群众饮水困难，20% 的群众居住在危房里。村里缺少社会福利事业建设项目，缺乏卫生水源，基础设施的建设还有很大改善空间。同时设有村级幼儿园、卫生室及集体活动中心。

表 2-1 2016 年百豪村地理人口基本信息

地貌	山地	总户数（户）	729	建档立卡贫困人口数（人）	693	常住人口数（人）	2100
村域面积（平方公里）	19.6	建档立卡贫困户数（户）	194	实际贫困人口数（人）	693	劳动力数（人）	2000
自然村（寨）数（个）	22	实际贫困户数（户）	194	低保人口数（人）	99	外出半年以上劳动力数（人）	800
村民组数（个）	37	低保户数（户）	29	五保人口数（人）	12	外出半年以内劳动力数（人）	300
与县城或城市的距离（公里）	12	五保户数（户）	12	少数民族人口数（人）	2983	外出到省外劳动力数（人）	700
与乡镇的距离（公里）	12	少数民族户数（户）	729	文盲、半文盲人口数（人）	745	外出到省内县外劳动力数（人）	300
与最近的车站码头的距离（公里）	6	总人口数（人）	2983	残疾人口数（人）	76	外出务工人员中途返乡人数（人）	20

资料来源：精准扶贫精准脱贫百村调研 - 百豪村调研。

说明：本书统计图表，除特殊标注外，均来自百豪村调研。

由于地处高原，四面环山，村里的交通一直是一个大问题，直到 2015 年村中才通了硬化道路。村中耕地分散且肥力低，土地产出效益较低。加之农民自身经济条件较差、家庭储蓄少底子薄、科技文化素质较低，整个村经济社会发展速度缓慢，后劲不足。群众经济收入、生活水平较低。由于各个屯散落在各个山头，700多户人家居住在100多个山头。分散的劳动力和落后的交通条件对发展农业合作社或村集体经济形成了一定的阻碍。

图2-1　百豪村地貌

（黄婉婷拍摄，2017年4月）

百豪村位于南亚热带之间的季风气候区。气候特征是夏长冬短、雨热同季、气候温和，春夏交替时候雨水较多；空气湿度大、冬暖夏凉；光照充足，局部灾害天气频繁；光、温、水的地域差异明显，四季分明。村中随处可见具有热带特点的植物，路边多野生芭蕉树、枇杷树，偶尔还会看到一些芒果树、龙眼树，山中的蔬果都是原生态无污染，村民多采食山中自然生长的水果。村里家家户户都有土灶，条件较好的家庭会备有电磁炉。生火的原料就用山中的毛竹。村民日常劳作时，在田埂旁、小路边偶尔会遇到山蛇和指头粗的蜈蚣。因此走山路时需要格外小心。

表2-2　2016年百豪村农业生产信息

耕地面积（亩）	823	养殖水面（亩）	5	村农民年人均纯收入（元）	3000
有效灌溉面积（亩）	823	农用地中属于农户自留地的面积（亩）	35	主要种植作物	玉米
园地面积（亩，桑园果园茶园等）	500	第二轮土地承包期内土地调整次数（次）	4	种植面积（亩）	200
林地面积（亩）	2400	土地调整面积（亩）	525	单产（公斤/亩）	200
退耕还林面积（亩）	1100	全年国家征用耕地面积（亩）	30	主要种植作物	水稻
牧草地面积（亩）	0	农户对外流山林地面积（亩）	200	种植面积（亩）	250
畜禽饲养地面积（亩）	0	参与耕地林地等流转农户数（户）	210	单产（公斤/亩）	350

二　村庄治理与基层民主

百豪村民风淳朴，村民热情好客。截至调查结束，百豪村共有党员56名，占常住人口的2.7%，其中高中及以上文化程度的党员10人。村中定期举办党员代表会议，与会的党员代表30人、村民代表5人。村中有党小组4个，村支部委员会成员6人、村委员会成员4人。村中党员代表有30人，村民代表37人，村民代表中属于村两委的有4人。村务监督委员会有3人。百豪村每三年举办一次党员代表会议，每三年村干部换届。村两委班子共有4人，包括村书记、副书记、主任、副主任和委员，其中村支部书记和村委会主任由 1 人兼任。

村支书陈建[①]，男，高中学历，每月工资是 1100 元，目前已连任 7 届。在村委会制度成立之前，他就开始担任村长一职，那时候没有工资，基本上是义务为村民服务。他在村里威望较高，村民不管遇到什么事情，都会找他商量解决办法。村副书记陆元，男，高中学历，每月工资 907 元，目前连任 6 届。为人沉默寡言但是对待工作踏实认真，群众都很信赖他。村支部委员覃绍，男，初中学历，每月工资 906 元，已连任 3 届。出任支部委员前他当了十几年的村小组组长，有良好的群众基础。村委会副主任陈艳，是干部中唯一的女性，初中学历，每月工资 910 元，已连任 7 届。与村民相处融洽，群众基础扎实。

上一届村委会选举换届在 2014 年，村中有选举权人数 2100 人，实际参选人数 1700 人。2017 年选举换届，有选举权人数 2150 人，实际参选人数 1750 人，连续两届选举村中行权人数比例都超过 80%，村民对基层民主的重视程度越来越高。基层民主的发展加强了村庄治理，赋予村民监督管理村委会的权力。

三 基础设施建设情况

基础设施建设包括交通、邮电、供水供电、商业服务、

---

① 本书所有被访者姓名，均系化名。

科研与技术服务、园林绿化、环境保护、文化教育、卫生事业等市政公用工程设施和公共生活服务设施等。百豪村的基础设施建设水平比较落后，远低于全国平均水平，公共服务设施方面几乎是空白。交通方面，2015年依靠财政拨款修建公路，百豪村民的出村问题才得到初步解决，这里包括进村道路和村内通屯道路。进村道路全为硬化水泥路，宽4.5米，全长12.4公里，每公里造价4500元，总造价为55800元。村内通组道路宽4.5米，长13公里，还有1公里尚未完成道路硬化。全村都没有路灯，夜晚出行照明靠手电筒，大部分村民都养成了日出而作日落而息的习惯。

供电方面，村中供电网络基本建成，除了个别两户住在山沟里的村民存在用电问题，其余家庭都通了电。村民家中多配有老旧的电视和电灯，条件较好的村户家中拥有冰箱洗衣机。但他们的日常生活存在用电安全隐患，电线设备都裸露在外面，没有任何安全防范措施。村中用电收费为每度0.57元，能够被当地村民所接受。

供水方面，百豪村突出的问题有两个，一是季节性缺水，二是饮用水源不安全。村里不通自来水，山区打井取水操作困难不切实际。雨水是百豪村村民用起来最方便、成本最低的水源。百豪雨热同季，天气一旦开始变冷，雨水变少，日常用水就变得困难起来。严重时一年内超过三个月处在缺水状态。2016年百豪村尚有20户村民用水困难。早在村里通路之前，村民种田都得靠自己下山挑水。种植的水稻和蔬菜用水量大，而村民一次能运送上来的水量有限，要想把田种好有时一天要往返多次，非常辛苦。村中为了解决旱季用水的难题，建有60处蓄水池，外形是圆柱体，其主要功能就是储存雨水，一般经过简单处理就直接使用。有的村民会储存山泉，或是从山上自拉胶水管。据村干部估计，全村用水中有2.7%是江河湖泊水，剩下97.3%都是蓄水池的雨水，并把这部分用水归到受保护的井水或者泉水中。但实际上，在交谈中调研员发现多数村民都认为自家的饮用水缺乏保障，可见水源污染同样不容小觑。雨水和山泉是村民饮用水的两大来源，雨水经过植被岩石过滤成为山泉。不论是雨水还是山泉，都没有经过任何净化处理，长期饮用，毫无疑问会对村民的身体健康造成威胁。百豪村生活用水安全状况堪忧。

生活垃圾方面，百豪村改进垃圾处理方式刻不容缓。按照村里的规定，村民要把生活垃圾倒在垃圾池中，待垃圾池满后统一焚烧。这种处理方式是当地生态环境的主要污染源之一。首先，尽管村内有4处垃圾池，但仍有30%左右的村民会图方便直接把垃圾倾倒在路边。雨水充沛的季节，垃圾不仅污染了水源，还会被冲走污染农田。其次，集中焚烧垃圾的处理方式产生有毒有害气体，造成空气污染问题。住在垃圾池附近的村民平时就要忍受垃圾的恶臭，焚烧带来的有毒气体则会直接造成村民生理上的不适。这种情况直接导致附近的村民常年不开窗户，给生活带来了极大不便。用电、用水、垃圾处理都是和村民日常生活直接相关的几个方面。百豪村水电设施、垃圾处理设施并不完善，不解决这些与生活直接相关的问题，村民的生活质量得不到实质改善。

住房方面，危房改造项目实施后，村民住房条件大大改善。户均宅基地面积达到 60 平方米，村民纷纷在原基础上盖起了两层小楼，楼房所占比例高达 97%，剩下待改造危房 25 户，其中竹草土坯房 3 户。因为村里没有外来人口，所以不存在租房的情况。

通信设施方面，百豪村整体状况比较落后，但较之前有所改观。目前村中没有有线广播、有线电视、有线网络或是无线网。村中卫星电视用户达到 680 户，占有率达到 93.27%，仍有 29 户没有电视。2016 年，村中共有 1850 人使用智能手机，占有率达到 88.10%，手机信号覆盖率达到 100%，基本通信问题得到解决。全村没有一台电脑，村委会办公仍然依靠人工记录，没有电子版资料。

卫生设施方面，目前百豪村不具备就医条件，在才建成还未使用的村委会中设有一间卫生室并有一名医生值班。村民感冒发烧一般就自己扛着，扛不过去才会选择到 6 公里之外的乡镇医院就诊。

四　社会文化环境

百豪村是一个少数民族村，村民全部都是壮族。陆姓、陈姓、覃姓居多，当地村民热情好客、民风淳朴。百豪村治安情况良好，村中情况较为稳定，2016 年共发生了三起偷盗事件，打架斗殴和抢劫事件都没有发生。由于地处偏远交通不便，当地村民仍然保持着原汁原味的壮族生活习惯。村民住房一层用来饲养家禽家畜，二层三层用于社会交往和生活起居。村民多使用壮话或桂柳话（系西南官话的一种，是广西壮族自治区最强势的汉语方言之一），上了年纪的老人大多不会说普通话。百豪村没有信教的传统，村内也没有教堂和寺庙。村中的主要科普活动是举办农业科学技术讲座，每次大约有 15 人到场。村委会设有一间图书室，共有 500 册藏书，每月使用人数大约为 10 人。村内也缺少棋牌室之类的活动场所，这可能跟当地人的娱乐习惯有关。据驻村第一书记介绍，近几年县里每年都会举办三月三对歌活动，丰富当地居民的文化生活。村中还有一个篮球场，每年会定期举行两次比赛，村民报名也踊跃积极。

　　百豪村设有一所小学，这所小学早在 1912 年就建立了，历史悠久，是名副其实的百年学堂，一直承担着村民的基础教育任务。村小学面积共 800 平方米。目前百豪村共有 356 名适龄儿童，不包括学前班和幼儿园，村小学共有在校生 58 人，公办教师 8 名，全部是大专学历，其余儿童都前往办学条件更好的乡镇小学就读，在乡镇小学就学的共有 207 人，住校生 50 人。小学阶段没有失学辍学的情况出现。由于村里没有初中，有 10 人在乡镇中学就读，有 138 人去往更远的县城中学读书。初中仍然是义务教育，所以没有学生失学辍学的现象出现。从村问卷的统计来看，学生中女生比例接近 50%（22/58、62/138），可见当地对女孩子的基础教育问题同样予以重视。九年义务教育阶段，免除学杂费，所有学生都有免费的营养早午餐。基础教育的普及大大降低了新一代的文盲率。村中老一辈农民基本上都是文盲半文盲，即使外出打工也只能选择技术含量较低的建筑工或者木工。外出务工的不易使他们意识到对下一代教育的重要性。教育是促进社会进步、经济繁荣的巨大力量。扎实的义务教育基础对于提高中国的民族素质，促进社会主义物质文明和精神文明建设，具有重要的战略意义。

百豪村地处老少边穷地区，属于深度贫困村，是扶贫的重点地区。随着政策的不断调整变化，百豪村的帮扶措施越来越符合当地发展要求，更具有地域特色。百豪村的反贫工作在上级扶贫部门指导下进行，村庄自身没有探索过脱贫出路，再加上村委会对扶贫的历史资料留存较少，因此本书从东兰县的十年扶贫历史来看百豪村的扶贫发展历程。

第二节　东兰县的十年扶贫历史

百豪村在 2015 年精准扶贫工作开始之前，出于地理条件的限制、资金缺乏等原因，一直没有发挥出发展潜力；在这之后，由于得到了精准靶向的政策扶持，百豪村渐渐摸索出适合自己的脱贫之道。广西一直是国家扶贫的重点地区，东兰县更是国家扶贫开发重点县，地处山区的东兰县开展过许多适合当地发展的种植养殖项目，为当地村民增收创收。不同阶段的扶贫开发都取得了一定的成效，但是脱贫效果持续时间短、返贫率高，这其中的原因引人深思。新中国成立之初，中国经济发展比较落后，温饱问题是全国性难题，农村地区更是经常闹饥荒。这一阶段有扶贫开发的尝试性举措，例如农业制度的创新、小规模的救济，但扶贫效果不理想。改革开放进入社会主义市场经济时期后，国务院先后制定了《国家八七扶贫攻坚计划》《中国农村扶贫发展纲要（2001~2010年）》等文件。依据文件核心精神，东兰县设立了扶贫办、扶贫开发小组，近年来还增派第一书记深入贫困村协助扶贫工作的开展。

2000年初，百豪村并没有把工作重心放到扶贫上，主要是跟随国家扶贫的潮流在当地实行开发式扶贫的"整村推进"项目。基本工作模式为：东兰县政府出资帮村里修几条土路、安装输水管道、修建几座基础水柜。百豪村紧紧依靠东兰县的扶贫开发政策，发展一点是一点。当时村里没有进村公路、卫生水源，土房危房随处可见。归根结底是由于缺乏资金支持，百豪村深陷在贫穷落后的状态之中。2015年初开展精准扶贫工作之后，村里的资金支持逐渐变多，在各项扶贫项目的帮助下有了喜人的变化。硬化道路通到家门口，在危房改造项目的帮扶下家家都住进了新房，留下的老房子也只作为厨房使用，村民的生活水平整体上有了很大提高。进入21世纪后，百豪村的扶贫工作可分为两个阶段，一是2010年前后的整村扶贫，二是2020年实现全面脱贫的精准扶贫工作。但由于百豪村对精准扶贫前的扶贫资料不够重视，资料没能留存下来，故以东兰县的扶贫历史来对百豪村的扶贫历程进行回顾。

一 整村推进阶段（2009~2012 年）

整村推进是改革开放新阶段实现《中国农村扶贫发展纲要（2001~2010 年）》目标的关键措施之一。《纲要》计划在2010 年前稳定解决贫困人口温饱问题，帮助提高贫困地区的生活水平，促进全社会经济水平的提高，为全面实现小康社会夯实基础。东兰县在这一阶段连续推行了多项措施推动全县脱贫。2009 年、2010 年是当地整村推进重点开展的两年。

2009 年春，东兰县开展"良种工程"，调整农业产业发展，对当地农作物的种植结构进行改良，指导农民种植出优质的农作物。"良种工程"使全县的各项生产进度同期提前十天左右。此外还大力投资了"春灌"工程，工程包括江板、六汉水库的加固翻修，为广大村民及时解决了春旱问题，在春耕中发挥了关键作用。县政府还加大对农业技术培训的投入，推广农业新技术，让农民真正从该工程中获益，成为名副其实的"富民工程"，具体提供的技术有农作物"'三避'种植技术、测土配方施肥技术、果蔬无公害栽培技术、岩黄连、猫豆 GAP 种植等高新技术"。[①] 还组织了春风行动和春风送岗活动，主要是当地企业招收从广东返乡的农民工，实现就地转移。参与项目的有广西东

---

① 《河池市：东兰群策群力闹春耕》，广西扶贫信息网，2009 年 2 月 27 日，http://www.gxfp.gov.cn/html/2009/yclm_0227/1111.html。

兰森味活食品有限公司、河池五金东兰分公司等 20 多家当地企业，共提供了 400 多个岗位。

2009 年东兰县共有外出务工农民 6 万多人，主要流向深圳、东莞、广州、中山、珠海等地，大部分集中在服装、建筑、电子、餐饮等行业就业，年劳务收入 6 亿元左右。为了提高当地农民整体素质和人力资本，东兰职业教育学校计划进一步改善教学设施、提高教学水平、扩大招生规模，把农民工、青壮年农民、初高中毕业生都囊括进来，以实践型教育模式为办学目标，与企业用工需求相结合，提高学员在就业市场中的竞争力。东兰县投资了 2500 万元将中等职业技术学校、教师进修学校、就业服务中心、农机校、农科所等进行整合，组建职业教育中心，2009 年在校生达 1086 人。百豪村有劳动能力的村民都参加了这次培训，有了技术傍身，外出务工的村民找工作比以往要顺利很多。[1]

2009 年 6 月，东兰县的"整村推进"开发式扶贫项目取得了阶段性显著成果。东兰县通过顺利建成四大基础工程，为整村推进的扶贫项目打牢基础。如为村民建设卫生的饮水系统，修建进村公路。不仅方便了村民进城务工、外出求学，还为农产品的流通提供了便捷的通道。而职业培训工程则弥补了村民受教育程度有限的不足，提高了当地农民工的整体技术水平，增加了就业优势。[2]

---

[1] 《河池市：东兰为返乡农民工送岗位》，广西扶贫信息网，2009 年 3 月 3 日，http://www.gxfp.gov.cn/html/2009/yclm_0303/1182.html。

[2] 《东兰第二批"整村推进"万人脱贫》，广西扶贫信息网，2009 年 6 月 19 日，http://www.gxfp.gov.cn/html/2009/yclm_0619/2743.html。

养蚕也是当地发展较迅速的产业之一。百豪村靠近红水河岸的村民一般都种植桑叶养蚕,养蚕也成了村民发家致富的可选途径之一。为了促进农民增收,东兰县安排农业技术员深入各个村中,形成了高度统一的养蚕服务体系,统一蚕种配给、小蚕共育、物资供应、技术指导、桑园病虫害防治和蚕室消毒,生产管理规范有序。这些措施推动了东兰养蚕产业的快速发展,取得了一定的成果。至 2009 年 7 月底,全县桑园面积共 2.1 万亩,产茧近 500 吨,蚕农户均收入 2114 元。[①]

二 扶贫新十年——精准扶贫阶段(2012 年至今)

广西壮族自治区党委和政府要求驻村干部在思想、政策、资金、物资、技术、信息等方面进行全面帮扶。帮扶农村发展基层民主、增加村民可支配收入、提高村民生活水平、促进基层组织的全面进步。

扶贫新十年更注重村民自身水平的提高,从根本上具备摆脱贫困的能力。之前只有县城有培训机构,但硬化道路工程还没有完成,交通成为影响学员积极性的主要因素之一。2014 年初,东兰县依托 14 个乡镇社保中心和 147 名村级协管员,以村部和中心小学为主要教学点,把培训班开在家门口,实现了村民就近参加培训,极大地激发了求学的积极性。此外,为了应对金融危机的压力,县政府还制定了相关政策鼓励返乡农民工在当地创业,以此为突

---

① 《东兰县强化"四保"巩固发展桑蚕业》,广西扶贫信息网,2009 年 5 月 5 日, http://www.gxfp.gov.cn/html/2009/yclm_0505/2198.html。

破口，激发农村新经济的活力。①

2014 年 8 月，东兰采取"包村联户"的方式大力推进当地养蚕业发展，带领农民走向脱贫致富之路。增派多名技术骨干深入村屯，帮助村民解决养蚕的生产性难题，提高整体养殖水平。此外，当年还首次对养蚕户采取技术追踪指导，带动其发展生产。这种"分工到户，责任到人"的工作机制为东兰养蚕业的进一步发展提供了有力的保障。

2014 年 9 月，东兰县将培训班开到农民家门口。原先整个县城的五家培训机构都在县城里，学员多为农民或者农民工，来去十分不便，这一点极大地削弱了他们的积极性。以村部和中心小学为主要办学地点，为大部分学员初步解决了路途遥远的问题，实现了就近培训，扩大了培训机构的影响力，提高了村民培训的参与率。当年进村屯（社区）培训 20 期 921 人，创业培训 1 期 60 人，已鉴定核发证书 624 本。与 2009 年的情况相比有了好转。②

2015 年 11 月，精准识别贫困户的工作在东兰县进行顺利，截至当年 10 月 28 日，已完成 38480 户，完成率达56.77%。为了确保保质保量地按时完成任务，东兰县加大资金人力投入，以重新采集确认信息为前提，稳步推进相关工作开展。与此同时，新时期扶贫背景下，东兰重新定位了自己未来发展的目标。作为革命老区，东兰不仅争取早日"摘掉"贫困县的"帽子"，还计划打造旅游生态县。

---

① 《东兰：职业培训班开到村屯》广西信息网，2014 年 9 月 17 日，http://www.gxfp.gov.cn/html/2014/yclm_0917/27688.html。

② 《东兰：职业培训班开到村屯》广西信息网，2014 年 9 月 17 日，http://www.gxfp.gov.cn/html/2014/yclm_0917/27688.html。

充分利用社会各方力量，加速推进当地经济蓬勃发展。据统计，2011~2015 年，该县农村贫困人口大幅下降，从 14.83 万人减至 6.64 万人；全县贫困村农民人均纯收入稳步提升，从 2683 元提高到 4298 元。[①]

2016 年以来，为了进一步建设该县"旅游生态"的品牌，东兰紧抓"村屯绿化"，建设美丽乡村，美化生态环境。"村屯绿化"指的是以村屯周围增绿、道路两旁增绿、房前屋后增绿为重点，开展"三林两区一道双发展"行动：营造护村林、护路林、户宅林，建设休闲林区、生态小区，建设乡村绿道，发展庭院经济和生态产业。通过这一举措，东兰县下辖乡村的环境都有很大改善。如今进入百豪，所见的是一个干净整洁的乡村。垃圾不再随处乱倒而是规范定点放置，路边种了大量的枇杷树、芭蕉树，为村民供应日常水果。百豪村所属的河池市在 2016 年 10 月获得"世界长寿市"称号，毗邻百豪村的巴马县是中国长寿之乡。百豪村当地是典型的喀斯特地貌，再加上红水河的天然美景，形成百豪村发展旅游的先天优越条件。与此同时，东兰县在扶贫开发的过程中逐渐摸索出适合当地条件的发展项目，确立科学的产业结构，重点发展养殖东兰乌鸡、种植核桃、板栗、油茶和桑园 5 个特色优势产业。目前百豪村中鸡鸭养殖业初具规模，其中养鸡 10000 只，养鸭 1500 只，是当地村民改善生活的一项重要发展方式。

2016 年东兰县确定了特色生产项目，2017 年产业范围进

---

① 《东兰凝心聚力推进扶贫工作》，广西信息网，2015 年 12 月 28 日，http://www.gxfp.gov.cn/html/2015/yclm_1228/32337.html。

一步扩大，形成了油茶、板栗、核桃、富硒墨米、粳米、中草药材、东兰乌鸡、东兰黑山猪、种草养牛养羊和特色水果等十大主导产业。这十大产业不仅带动了全县的经济发展，增加了农民收入，还与当地环境保护相融合，不给当地生态造成负担，实现了"双赢"。现在全县已完成油茶产业种植 1.89 万亩，核桃产业扩种 3.5 万亩，"三特"水果产业种植 4156 亩，增养"东兰乌鸡" 8 万羽；新桑种植 1053 亩，完成目标任务的 105.3%；全县桑园面积达 3.78 万亩，蚕种发种量 10197 张，完成目标任务的 12.5%；板栗种植 860 亩，高接换冠 25 万株；肉牛出栏 0.63 万头，完成年度目标任务的 29.86%；肉羊出栏 2.71 万只，完成年度目标任务的 25.74%；东兰黑山猪出栏 3.48 万头，完成年度目标任务的 25.53%；淡水养殖 9.53 亩；长寿·生态·富硒农产品新增种植 3800 亩，完成率 95%。[①] 在这一过程中，百豪村获益良多，乘着十大产业发展的春风，扩大了核桃种植面积，村中养殖业也渐渐发展得有模有样。

第三节　百豪村精准扶贫项目实践

在扶贫各个阶段，政府各级部门和帮扶单位都在百豪村开展了不同形式的扶贫项目。具体可分为生产性扶贫项

---

① 韦禄东：《东兰大力推进"十大百万"扶贫产业开发》，广西扶贫信息网，2017 年 5 月 5 日，http://www.gxfp.gov.cn/html/2017/mtjj_0505/37887.html。

目、基础建设性扶贫项目、金融扶贫项目、公共服务扶贫项目及其他帮扶项目。这些扶贫项目的实施改善了村民的生活条件，促进了村里产业的进一步发展，对百豪村的减贫事业起到了重要作用。

一 生产性帮扶项目

（一）东兰县油茶种植项目

东兰县油茶林生产规划建设优先考虑在经济相对不发达、劳动力和山地资源丰富、其他农业优势项目不突出的区域，因地制宜地规划油茶种植基地，实现规模化经营。在发展方式上，实行改造和新造相结合；在林地选择上，优先使用宜林荒山、荒废果园以及非规划林地。百豪村成为东兰县的油茶种植项目基地之一，百豪村以村委会管理为主体，村两委成员以及村级监督委员会为监管成员单位，使项目资金专款专用，确保工程建设顺利实施，工程建成后为合作社所有，由村委会派专人进行经营管理，保证油茶种植科学高效。种植油茶每户每亩补贴500元。但是据村民反映，百豪村的油茶种植项目已经搁置了。在访谈过程中，村干部说百豪村的油茶项目没有进行下去，1982年实行了土地承包责任制，林场被收回，油茶无人管理。

（二）东兰县低产板栗嫁接改造项目

板栗种植是东兰县的传统产业，种植历史可以追溯到明朝万历年间。所产板栗有着果仁饱满、皮薄油亮、味道甘美等优点。但是由于地区条件限制，缺乏统一规划，没有连片开发，只是由各农户小规模地经营着，没有形成产业化。为了扶持当地的经济发展，充分发挥地理优势，进一步帮助当地摆脱贫困走向真正的致富之路，东兰县开展了板栗嫁接改造项目。

现实却不如人意，我们发现百豪村不少屯都在半山坡上种植了板栗，据第一书记介绍，这些板栗树都是嫁接改造后的，属于低产板栗嫁接改造项目。地上散落着不少熟透的毛栗子，无人问津。因为整个东兰县大面积种植板栗，当地市场处于过饱和状态，供过于求，价格低廉。此外，由于地处山区，将板栗运出销售的成本太高，许多农户任由板栗烂在地里也不多花精力打理。没有达到当初科学化、产业化生产的目的，也没有帮助村民脱离贫困。

（三）广西民族大学产业扶持项目

此帮扶项目由广西民族大学牵头主持，主要是出资帮助村民发展养殖生产，并结对帮扶干部。帮扶标准为平均每人 102.8 元，帮扶项目多样可选，主要包括鸡苗、鸭苗、猪仔、杉树苗等。村民可在帮扶金额范围内自行组合搭配种植养殖项目。广西民族大学的帮扶项目形成一个有效的追踪机制。村户不仅要出示购买生产产品的收据，驻村第一书记还会定期走访每一户验收成果，加拍照片现场确认。这样做避免了农户急于将刚到手的鸡苗鸭苗卖掉或者一饱口福的情况发生。

图 2-2　刘书记主持发放的扶贫鸡苗

（黄婉婷拍摄，2017 年 4 月）

（四）扶贫部门"雨露计划"*

普通高校本科学历教育的资助对象为 2016 年接受全日制普通高校本科学历教育的广西农村建档立卡新生，以取得全日制本科学籍为依据，每生一次性补助 5000 元。职业学历教育的资助对象为接受中、高等职业教育的广西农村建档立卡学生，每学期补助 1500 元。农民实用技能培训，参训农民补助 50 元 /（人·天）。

二　基础建设性帮扶项目

（一）危旧房改造项目

从 2015 年起，在中央和广西壮族自治区政府的大力推

---

* 雨露计划是一项由扶贫部门通过资助、引导农村建档立卡贫困户初中、高中毕业生和青壮年劳动力接受学历教育和技能培训，提高扶贫对象的素质，增强就业创业能力，实现脱贫致富的扶贫培训计划。

动下，百豪村开始大范围进行危房改造项目。这一项目成果十分显著，在此次调研过程中，我们看到村中几乎家家户户都建起了钢筋水泥结构的新房，只有极个别村民将老房子留作厨房用。相比之前的泥房木屋，村民的居住条件得到了质的飞跃。百豪村的危房改造率高达97%，村民认为"住进新房子是我们一直以来的心愿"。村中危旧房改造补助标准为贫困户2.45万元，非贫困户1.68万元。这笔补助款大约能够支付一层房屋的造价。一些村民会自己添钱和向亲戚借款，盖一所两到三层漂亮的楼房。

图2-3　百豪村危房改造成果

（黄婉婷拍摄，2017年4月）

（二）进村道路硬化项目

进村道路的硬化工程在百豪村是广受好评的项目之一。百豪村几年前只有土路，一下雨就泥泞不堪，不管是什么样的交通设施都无法顺利开进村里。如果想销售农副产品，村民需要自己挑下山去，费时费力，收益也很少。2015年底百豪村完成村级道路水泥硬化工作，各屯的入屯道路到2017年才完成硬化任务，但连接屯与屯的道路还有大部分未开挖路基。道路的完善极大地方便了村民的生活。通村公路修好以后，村民的财路更广了，不少村民都购买摩托车去附近的镇子务工，一般做木匠活，建筑工人也比较多。"通路后，孩子出去（县城）上学也更方便了"，村民由衷地感叹交通对他们生活的改变。

此外，东兰县交通部门还设有财政拨款的惠农补贴：四级沙石路或村级沙石路25万元/公里；四级水泥路或村级水泥路50万元/公里；屯级沙石路18万元/公里；屯级水泥路32万~33万元/公里，这些补贴对百豪村实现道路硬化起到巨大作用。

三 农村金融扶持项目

（一）扶贫部门扶贫小额信贷

百豪村村民接受的扶贫部门扶贫小额信贷基本上都来自东兰县小额信贷。小额信贷是这几年来帮助村民发展生产的重要手段之一。信用社首先对农户的信用进行评级，符合标准的可自行贷款。3万元或者5万元3年以内（含3年）免抵押、免担保，由政府财政全额贴息补助。贷款设立的目的是帮助贫困户或有发展生产需要的农户，但在实行过程中没有完全发挥出其功效。一方面，一些村民不知道该如何使用这笔资金，部分村民贪图利得，贷款办好后直接存进银行拿利息。另一方面，一些村民在取得贷款后用来补贴家里的日常开销，更有甚者把这笔无息贷款用来加盖新房。2016 年明文禁止这些做法后，贷款的实际利用率稍稍提升了一些。

（二）国家发改委部门对移民搬迁的金融扶持

东兰县对易地搬迁建档立卡贫困户按照贫困人口每人不低于 2.4 万元补助，补助标准按照一般贫困户每人每户 2.4 万元，中等贫困户每人每户 2.5 万元，特别贫困户每人每户 2.6 万元，极端贫困户每人每户 2.7 万元。

四 公共服务扶贫项目

（一）教育方面的补贴

学前教育，免保教费 1500 元 /（人·年）（全东兰县已覆盖，以免代发补助）。

小学教育，学生寄宿生活补助 1000 元 /（人·年）。营养餐补助 800 元 /（人·年）（县劳动小学、东院小学两校除外）。

初中教育，学生寄宿生活补助 1250 元 /（人·年）。营养餐补助 800 元 /（人·年）（县城中学、民族中学两校除外）。

普通高中教育，免学费 1080 元 /（人·年）（适用于全部在校生），免学杂费 720 元 /（人·年）（适用于建档立卡贫困户学生）；国家一等助学金 3500 元 /（人·年）（适用于建档立卡贫困户学生），二等助学金 1000 元 /（人·年）（适用于其他形式的困难家庭学生）。

中等职业学校，免学费 1500 元 /（人·年）（适用于就读在东兰中等职业学校的学生），国家助学金 2000 元 /（人·年）（适用于就读在东兰中等职业学校的学生）。

高等学校教育，助学贷款按学校收取学费和住宿费标准核定，本专科每生每年最高 8000 元，研究生 12000 元（适用于有贷款需求的家庭经济困难学生）。大学新生资助，广西区内高校补助 500 元 / 人，广西区外高校补助 1000 元 / 人（适用于在东兰高中毕业、家庭经济困难的大学新生）。

（二）健康、卫生方面的补贴

基本公共卫生服务项目补助：全体城乡居民按照 40 元 /（人·年）补助。

农村孕产妇分娩补助：住院分娩的广西农业户籍（指孕产妇或丈夫）孕产妇正常产的，每例补助 400 元，危急重症抢救每例补助 1000 元。

婚前免费医学检查补助标准：160 元 / 对。

农村孕产妇产前筛查补助标准：所有广西区农业户籍孕妇产前筛查补助 160 元 / 人。

农村新生儿疾病筛查补助标准：所有东兰县农业户籍孕妇住院分娩新生儿，新生儿疾病筛查补助项目统一补助

67 元 / 人。

新生儿听力筛查补助标准：父母一方或双方为东兰县农业户籍的新生儿听力初筛补助 60 元 / 人，复筛补助 60 元 / 人 ~120 元 / 人。听力诊断费补助 250 元 / 人。

地中海贫血基因诊断补助：800 元 / 对。

地中海贫血产前诊断补助：1300 元 / 人。

五 其他扶贫项目

（一）生产生活补贴

生活补贴主要针对低保户、五保户和高龄老人，生产补贴主要是针对农业和种植业的基本补助（见表 2-3）。

（二）社会保险社会救助补贴

百豪村的新农合覆盖率基本上达到 100%，在村干部的号召下大家纷纷都加入了医疗保险。当地新农合补助标准为：合规医疗费用，乡镇卫生院住院费用补助 90%，定点县级和市级二级医疗机构住院费用补助 70%，定点市级三级医疗机构住院费用补助 60%，定点自治区级医疗机构住院费用补助 50%，住院补偿封顶线为 10 万元。

新农合大病保险补助标准：年度内参保农民，新农合报销后自费部分超过 6000 元以上费用：0~2 万元，按 50% 报销，2 万 ~4 万元，按 60% 报销，4 万 ~6 万元，按 70% 报销；6 万元以上，按 80% 报销。

表 2-3　2016 年百豪村生活生产补贴项目及标准

序号	项目名称	补助标准
1	农作物补助	早稻、中稻、晚稻 15 元 / 亩 玉米 10 元 / 亩
2	生态公益林补助	14.75 元 / 亩
3	广西区油茶产业补助	500 元 / 亩
4	农村水柜补助	10000 元 /60 平方米
5	低保户补助	A 档 145 元 / 人，B 档 140 元 / 人，C 档 135 元 / 人
6	五保户补助	335 元 /（人·月）
7	困难残疾人生活补贴	50 元 /（人·月）
8	高龄补贴	80~89 岁老人，90 元 /（人·月） 90~99 岁老人，110 元 /（人·月） 100~109 岁老人，500 元 /（人·月） 110~119 岁老人，1000 元 /（人·月） 120 岁及以上老人，2000 元 /（人·月）
9	基本公共卫生服务项目补助	40 元 /（人·年）

资料来源：由百豪村村委会提供。

第四节　百豪村精准扶贫的初步效果

一　百豪村精准扶贫初步效果

百豪村是省定贫困村，也是国家级贫困村，村里的精准扶贫建档立卡工作从 2015 年开始。贫困户属性又可细分为一般贫困户、低保户和扶贫贫困户。低保户是完全没有劳动能力的家庭，一般贫困户是收入水平低于国家扶贫标准的家庭，扶贫贫困户是有劳动能力可以帮扶脱贫的家庭。建档立卡工作需要扶贫干部深入农户家中了解真实情况（贫困村村干部只带路不参与评分），实事求是按照标准打分。评分工作分两次进行，第一次入户打分，第二次进一步核实农户所得分数，这样得到的分数一般来说都比较客观真实。工作人员根据村民的住房、种植和养殖、劳动力等五个方面对农户进行打分，凡是低于 65 分且公示期间没有其他村民提出异议的村户便可被建档立卡，纳入救助范围。

广西壮族自治区针对不同的贫困状况分别实施七种帮扶措施。分别是移民搬迁、低保兜底、生态补偿、扶持生产、转移就业、教育资助、医疗资助。低保兜底主要针对无劳动能力或者有劳动能力但是生活负担较重而无力承担的这一部分村民；生态补偿是将居住在自然保护区或者生态水源林区、防护林区等附近的贫困户纳入"生态补偿"帮扶需求的范围，由各级林业部门会同扶贫部门完成；扶持生产、转移就业、教育资助、医疗资助则是针对农户的具体情况采取不同帮扶措施作为补充，满足他们最实际最迫切的需要，帮助他们走出困境。2016 年村民的低保户补助金由县扶贫办按季度发放，每人每年 1000 元，帮扶后期会向每户发放 1000 元的鸡苗或者鸭苗用来发展生产摆脱贫困。除此之外，县里的科技特派员还会根据情况每年在村委会开办一次养殖技术培训课，但因为场地有限目前只允许 16~50 岁村民报名学习。此外，村中的危房改建也已取得较大进展。2016 年百豪村危房改建比例达到 97%，还有危房数 25 户，预计 2017 年能全面完成危房改建工程。

百豪村针对建档立卡中的脱贫户采取跟踪一年、帮扶两年的措施。由于当地精准扶贫建档立卡工作从 2015 年开始，2016 年还没有调出档卡的村户。2015 年确认贫困户 262 户，共 957 人，其中因病致贫 30 人，因学致贫 250 人，因缺劳动力致贫 102 人。2015 年底脱贫户数 53 户，共 201 人，其中发展生产脱贫 73 人，转移就业脱贫 33 人，社保兜底脱贫 17 人，每户都有生态补偿。2016 年确认贫困户 194 户，共 693 人，其中因病致贫 28 人，因学致贫 166 人，因缺劳动力致贫 71 人。2016 年底脱贫户数 26 户，共 100 人，其中发展生产脱贫 84 人，转移就业脱贫 16 人，同样每户都有生态补偿。

二　百豪村精准扶贫效果评价

　　百豪村自 2015 年开始建档立卡的精准扶贫工作以来，村中生活各方面有了较大改变。在公共基础设施方面，通村硬化道路让村民与外部世界的联系更加方便。年纪较轻的村民家会备有摩托车，通路之后出行就不再受恶劣天气影响，他们经常可结伴下山到东兰县打工。在生产生活方面，扶贫鸡苗鸭苗是主要的创收方式。养殖技术的引入提高了村民的抗风险能力，丰富了村民的收入来源，打破了当地靠天收成的传统小农种植技术的局面。危房改造工程直接改善了村民的居住条件，目前全部村民都已搬进新房，有几户人家留下旧房当作厨房用。因为百豪村地处山区，雷雨季节常会发生山体滑坡，县里考虑到这点，给村民改造的新房都买了保险，解除村民的后顾之忧。总体来说，百豪村的精准扶贫政策取得了一定的效果，实实在在解决了村民的燃眉之急。但不可否认的是，百豪村要想继续发展下去，不得不解决眼下困住发展脚步的问题。

首先，百豪村的养殖业产品附加价值低，生产组织程度低。目前村里的情况是鸡苗鸭苗分散到各村户家中饲养。村民的养殖收入时高时低，再加上集中养殖同一品种，市场压力大。其次，危房改造项目虽然改善了村民的居住条件，但一些村民对待新房的态度耐人寻味。他们似乎更关心自家住房与邻里的差距，而不是对已有的一切心怀感激。下面的章节将从不同的角度来评测分析百豪村精准扶贫的政策效果和存在的问题。

第三章

多维贫困视角下的百豪村贫困透视

第一节　多维贫困视角理论及其研究发展

　　精准扶贫之前，中国一直都以收入水平作为测量贫困的唯一标准。随着社会经济的进步，贫困理论的发展，学者们逐渐意识到不管是从收入角度还是支出角度都无法精准地测量贫困的深度与广度。一个人的收入水平、受教育程度、健康状况和生活水平等都可能会成为个体的致贫因素。[1] 多维贫困理论最早由阿马蒂亚·森提出，在他的思想框架中，自由是人固有的权利，缺乏自由人的发展就会受到阻碍，权利就会受到限制。他认为贫困是当人们的权

① 邹薇、方迎风：《怎样测度贫困：从单维到多维》，《国外社会科学》2012 年第2 期。

第三章 —— 多维贫困视角下的百豪村贫困透视 ▌

利或者能力被剥夺时的状态。多维贫困理论提出后的首要问题是如何测量。森在牛津大学国际发展系创立了牛津贫困与人类发展中心（OPHI），由 Alkire 带领团队研究多维贫困的测量方法。之后 Alkire 和 Foster 共同提出了多维贫困的识别、加总和分解方法，即 AF 多维贫困分解方法。[1]学者们在研究中国的多维贫困问题时都不约而同地选择了 AF 方法来按指标分解。[2][3]

一个人的发展机遇与经济条件、社会环境、社会保障发展水平息息相关。阿马蒂亚·森以自由的视角代替传统的收入视角，从"可行能力"的剥夺来分析贫困、理解贫困。如果仅仅从收入角度来观察贫困势必会忽略对象全面发展所需的条件。贫困人群常常陷入各种各样被剥夺被限制的境地，被迫放弃发展机会。人们必须给予这种非经济性的剥夺足够的重视。为了进一步分析问题，阿马蒂亚·森提出了"工具性自由"，分别是"政治自由"、"经济条件"、"社会机会"、"透明性保证"和"防护性保障"。[4] 社会机会是要给大众提供学校教育、医疗资源等公平的公共服务，与人们的生活水平直接挂钩。透明性保证满足人们对公开资源的需要，防护性保障需要政府不断完善社会保障制度。可见，除了收入还有很多方面需要在扶贫过程中加以关注，从更广泛的角度

---

[1] 王小林、Sabina Alkire：《中国多维贫困测量：估计和政策含义》，《中国农村经济》2009 年第 12 期。

[2] 郭熙保、周强：《中国农村代际多维贫困实证研究》，《中国人口科学》2017 年第 2 期。

[3] 张昭、杨澄宇、袁强：《收入导向型多维贫困测度的稳健性与敏感性》，《劳动经济研究》2016 年第 4 期。

[4] 〔印度〕阿马蒂亚·森：《以自由看待发展》，任赜、于真译，中国人民大学出版社，2002。

去识别贫困。自由给人们带来多种权利和机会，反过来促进收入的增加、经济的增长。新时代下的精准扶贫要求也是如此，在贫困识别阶段，收入只作为判定标准之一，脱贫认定时同样需要把多种标准纳入体系。

中国是 30 余年来在人类发展领域进步最快的国家之一。在联合国开发计划署所关注的收入、健康、知识水平等方面，中国都取得了显著的进步。2010 年以后，中国人类发展指数开始超过世界平均水平，收入仍是对发展指数贡献最大的指标，教育和健康两个维度的贡献率逐年上升。消除贫困是现阶段的主要任务之一，采用多维贫困的方法来研究贫困问题逐渐成为学者们的首选。中国家庭微观调查数常被用来针对中国农村多维贫困的动态发展进行分析研究。[1][2] 具体分析时选取教育、健康、收入和生活水平等维度，赋予不同的权重测算多维贫困指数 MPI。[3] 由于我国农村多地处偏远条件差，落后地区常常面临自然的刁难，取水用水十分困难。因此学者多将饮用水单独作为一个维度。[4] 贫困维度还可以被进一步细化，将生活性支出维度扩展为食品、衣着、居住、家庭设备及用品、医疗保健、交通和通信、文教娱乐服务及其他八大类，通过使用扩展线性支出系统模型测算各个消费维度对贫困的贡

---

① 王朝明、姚毅：《中国城乡贫困动态演化的实证研究：1990~2005 年》，《数量经济技术经济研究》2010 年第 3 期。

② 张全红、周强：《中国多维贫困的测度及分解：1989~2009 年》，《数量经济技术经济研究》2014 年第 6 期。

③ 聂荣、张志国：《中国农村家庭贫困脆弱性动态研究》，《农业技术经济》2014 年第 10 期。

④ 蒋翠侠、许启发等：《中国家庭多维贫困的统计测度》，《统计与决策》2011 年第 2 期。

献率。研究证明，农民在这八个消费指标上的需求存在较大差异，对生存类别的消费支出较大，而发展类别的消费支出较小。[1]

现阶段多维贫困方法逐渐成为中国分析贫困的主流。学者们聚焦少数民族地区多维贫困状况，发现少数民族地区的多维贫困发生率明显高于国家贫困收入线下的贫困发生率。百豪村既是少数民族居住地，也是省定贫困村、国家级贫困村。在多维贫困方面有很强的现实研究意义。基于对 CHES2011 数据的分析研究发现，少数民族多维贫困对总体贫困的贡献超过 70%，受教育水平低、地理位置偏僻、自然灾害频发等是威胁少数民族贫困人口生活的最严重问题。[2] 现有的研究中都不约而同地提到了农村水贫困问题，通过拓展 WPI 体系专门对中国农村地区的水贫困进行测度。[3] 分解维度后指出，饮用水、收入、教育这三个维度对中国家庭贫困的贡献最大。[4] 中国农村贫困地区农户面临的最严重问题是饮水问题而非增收问题，[5] 农村水贫困问题逐渐引起媒体关注，进入大众视野。

多维贫困从多方面探究致贫因素，弥补了以收入作为判定贫困唯一标准的缺陷。在现有的方法基础上，本文使

[1] 杨振、江琪等:《中国农村居民多维贫困测度与空间格局》,《经济地理》2015年第 12 期。

[2] 刘小珉:《多维贫困视角下的民族地区精准扶贫——基于 CHES2011 数据的分析》,《民族研究》2017 年第 1 期。

[3] 孙才志、汤玮佳等:《中国农村水贫困与城市化、工业化进程的协调关系研究》,《中国软科学》2013 年第 7 期。

[4] 蒋翠侠、许启发等:《中国家庭多维贫困的统计测度》,《统计与决策》2011年第 22 期。

[5] 杨龙、汪三贵:《贫困地区农户的多维贫困测量与分解——基于 2010 年中国农村贫困监测的农户数据》,《人口学刊》2015 年第 2 期。

用百豪村 63 份入户问卷的数据，采用多维贫困测量的方法对当地精准扶贫的结果进行考量，并按照各维度进行分解计算贫困贡献率。对百豪村进行多维贫困分析之前有必要对百豪村各种可能的致贫因素进行分别描述，以便更好地从多维贫困的视角理解百豪村的贫困现状。

第二节 百豪村致贫原因分析及贫困现状描述

一 百豪村的致贫原因分析

百豪村地处桂西北，属于典型的石漠化包围地区。村民居住分散，自然资源贫乏、交通不便、通信不畅、饮水设施简陋，公共服务不到位。因为教育程度不高、观念落后、缺乏基本的技能，村民们很难摆脱靠天吃饭的贫困命运。政府从新中国成立初期的救济式扶贫到后来的成片开发式扶贫，不断对扶贫方式进行创新探索，但实际收效一般。其中未对这些地区的贫困原因进行深入和多维视角的分析是原因之一。根据在百豪村对建档立卡户和非建档立卡户分别做的 30 户抽样问卷调查，我们可以得到一个基本的致贫原因的描述。图 3-1 是 2016 年建档立卡贫困户对自己贫困原因的主观判断。

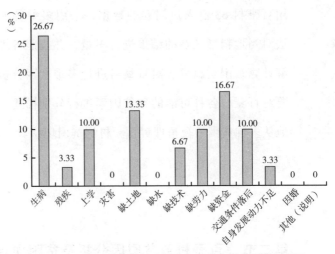

图 3-1　2016 年百豪村建档立卡户家庭最主要致贫原因

对建档立卡户的主要致贫原因进行分析可以看出，排在致贫原因前三项的是生病、缺资金、缺土地。有30%的建档户家庭中至少有一位重病患者，社会医保报销为他们解决了部分费用问题，但需要家庭负担的部分依旧很沉重，报销后医疗费支出占总支出最多的一户超过了80%，医疗支出超过50%的户数接近10%。可见，虽然医疗保险可以为农户分忧解难，但是在家里有人患重病、医疗费基数大的情况下，需要自己支付的医疗费仍可以把家庭拖垮。若户主患病造成家庭劳动力短缺，无疑是雪上加霜。还有些贫困家庭想要脱贫但缺少资金，当然这与百豪村整体落后资金缺乏有着很大关系。百豪村集体经济落后，几乎不能为贫困户发展提供任何帮助。缺少土地则与当地自然地理环境有关，百豪村处在山区，可用耕地面积小且分散。此外，据驻村第一书记介绍，当地村民"在播种后基本不太管作物，偶尔去看一下，很少施肥或者除虫，所以收成都很一般"。

有 10% 的建档立卡户分别选择了教育、劳动力、交通条件落后三个方面作为致贫的主要原因。子女教育方面，虽然国家免除了义务教育阶段的学杂费，但伴随教育产生的其他费用仍是不小的一笔开支。当今村民对教育的重视程度越来越高，穷什么都不能穷孩子。村里的小学条件一般、教育质量不高，只要家长还能顾得过来就会把孩子送去县城读书。房租和孩子的日常开销成了家庭最大的一笔支出。家里都是老人或者残疾导致劳动力缺乏相当于直接切断了家庭经济来源，一般可以依靠社会救助体系保障生活。交通条件落后一是与地貌紧密相关，二是公共服务设施条件简陋。当地的作物卖不出，外地的技术进不来。交通条件落后阻断了百豪村与外部市场的交流，成为村庄与村民自身发展的绊脚石之一。问卷数据还显示仅有 3.3% 的村民把贫困的主要原因归为自身发展的动力不足。村民自身发展动力对脱贫有较强的促进作用。一些贫困村民养成了思想上的惰性，只知道被动地接受帮助。当地应该树立脱贫致富的榜样并给予奖励，来推动整个村子的自我脱贫和发展的积极性。

二 百豪村建档立卡户与非建档立卡户情况比较

本次调研在当地有效完成了 63 份入户问卷和 1 份村问卷。其中户问卷中包含了 246 份个人信息，可以在此基础上对收入、健康和生活条件等方面做初步统计分析，分析百豪村扶贫成果和建档户与非建档户之间的差距，以小见大推测百豪村的不平等情况。

百豪村总户数为 729 户，2983 人，其中建档立卡数为 194 户，693 人，贫困发生率为 23.23%。远高于 2015 年全国农村贫困发生率 5.7%。[1]2016 年人均纯收入为 3000 元，仅比贫困标准 2855 元高出 5.1%，介于 2015 年贫困地区低收入组 2273 元和中低收入组 4853 元之间，与 2015 年全国农村居民人均可支配收入 11422 元[2] 相比有较大差距。由此可见，百豪村目前的发展状况不容乐观。以下是利用百豪村 63 份入户问卷和 1 份村问卷数据分类比较分析得出的结果。

（一）基本人口信息

从问卷统计结果来看，建档户的劳动力年龄人口少于非建档户的劳动力人口，且老龄化程度更加严重，60 岁以上的调查对象比例高达 18.18%，65 岁以上达到 12.40%，80 岁以上达到 4.13%，高于老龄社会标准（见图 3-2）。政策上针对缺少可以外出打工的劳动力或者是家中有人身患大病的贫困户有特殊优待。这种情况下生产性帮扶措施很难起到作用，他们必须依靠社会救助体制如农村低保户、五保户等政策来兜底。

从受教育程度来看，建档立卡户明显低于非建档立卡

---

[1] 国家统计局住户调查办公室：《中国农村贫困监测报告 2015》，中国统计出版社，2015。
[2] 国家统计局住户调查办公室：《中国农村贫困监测报告 2016》，中国统计出版社，2016。

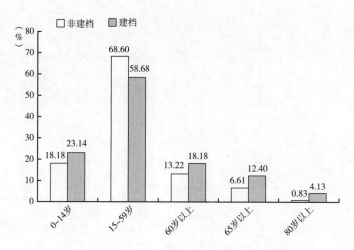

图 3-2　2016 年百豪村村民年龄结构分布

户。教育程度越低的组，建档立卡户的比例越高。其中非建档户的文盲率为 8.47%，建档户的文盲率为 13.56%。在小学组中，建档立卡户达到 40%，而非建档立卡户占 30%。从初中组开始，非建档立卡户所占比例明显高于建档立卡户。非建档户的初中以上文化程度比例达到 53.38%，建档户的比例为 42.36%。平均受教育年限方面，非建档户为 11 年，建档户为 10.81 年。具体信息见图 3-3。非建档户的受教育程度高于建档户，这与社会常识相符合：受教育程度越高，陷入贫困陷阱的可能性越低。2015 年，全国贫困地区的常住劳动力中，初中文化程度占 45.7%，高中及以上文化程度占 11.3%，[1] 合计 57%。因此可以粗略地推测百豪村村民的教育水平较低。

　　在中国农村，结婚彩礼数额的巨大也成为致贫的一个

----

① 国家统计局住户调查办公室：《中国农村贫困监测报告 2016》，中国统计出版社，2016。

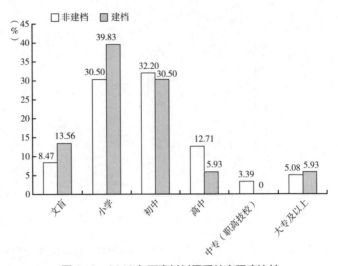

图 3-3　2016 年百豪村村民受教育程度比较

因素，即"因婚致贫"。[①] 在百豪村中并未发现因婚致贫现象，这可能与当地没有重收彩礼的习俗有较大关系，当地家里女主人的地位较高。

本文选择户主的婚姻状况为统计对象，其中非建档户中已婚比例为 90%，建档户已婚占比稍低一些，为 81.82%。未婚和丧偶的比例虽然都不高，但两者比较起来也存在一定差距，建档户占比约为非建档户的 3 倍，见图 3-4。

（二）健康状况与劳动能力比较

村民健康状况与家户是否有能力参加脱贫的产业活动直接相关。一些村户因为家中有重病患者或者缺乏劳动力，无法维持原有的生活水平从而陷入贫困。由图 3-5 可

[①]　张翼：《当前中国精准扶贫工作存在的主要问题及改进措施》，《国际经济评论》2016 年第 6 期。

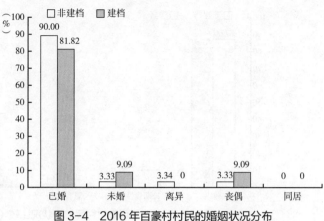

图3-4　2016年百豪村村民的婚姻状况分布

以看出，健康状况方面，非建档户与建档户差别不大。健康的居民在非建档户和建档户中都达到80%以上，患长期慢性病和大病比例均在10%左右。但是建档户的残疾率明显高于非建档户，是非建档户的9倍左右，因残致贫的风险变大。结合致贫原因来看，26.67%的建档户将疾病作为致贫的最主要原因，但是入户问卷反映出的非建档户和建档户的健康状况差别并不明显。建档户患长期慢性病的比例甚至还稍低于非建档户的水平。在健康水平差别不明显的的客观条件下，因病致贫可能是由于疾病的严重程度不同而导致医疗花费不同。

再比较2016年非建档户和建档户的自费医疗部分，非建档户去年平均花了3250元，最多的花费了30000元，超过10000元的非建档户比例为13.33%。建档户平均花费3689.33元，最多的花了57000元，超过10000元的建档户比例为6.07%。可见，除了个别户的支出高于非建档户之外，建档户的医疗支出水平并没有明显高于非建档

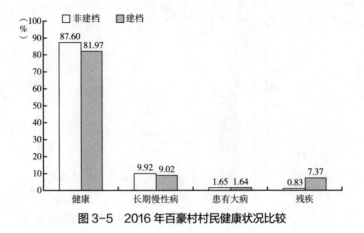

图3-5　2016年百豪村村民健康状况比较

户。从入户问卷的数据来看，疾病并不能成为当地导致贫困的最主要原因。

与统计的健康状况相一致，建档户中丧失劳动能力的比例为18.7%，接近样本的1/5，非建档户的比例为8.94%（见图3-6）。而2015年，贫困地区农村居民中只有4.1%存在身体不同部位的残疾。[①]百豪村不论是非建档户还是建档户残疾率都高于贫困地区平均值，让人不得不反思背后的原因。

（三）务工状况比较

外出务工是大多数农民赚钱的主要选择。只要不是农忙季节就可到附近找活干，一般是建筑业居多。这样可以把时间充分利用起来，务工的收入也比务农多很多。从问卷数据来看，在务工时间和务工状况上，当地的非建档户

精准扶贫精准脱贫百村调研·百豪村卷

---

① 国家统计局住户调查办公室：《中国农村贫困监测报告2016》，中国统计出版社，2016。

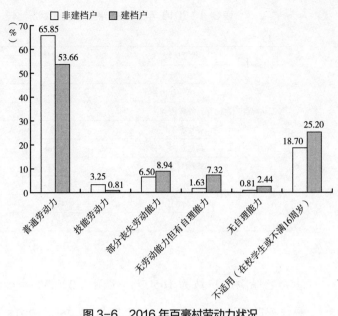

图 3-6 2016 年百豪村劳动力状况

和建档户差别不大，超过半数的农户都选择外出务工，可见外出务工是当地居民增收的重要方式。这一点在问卷的收入来源统计中也体现出来。

2016 年百豪村外出半年以上的劳动力约 800 人，半年以内的约 300 人。其中到省外务工的人数达到约 700 人，在省内找工作的约 300 人。具体信息见表 3-1。外出务工人员主要从事对技能要求不高的制造业和建筑业。需要注意的是在入户统计中建档户回答不适用以及缺失值较多，统计结果与实际情况可能会有一定偏差。

（四）社会保险参与情况

百豪村当地的村民大多参加了城乡居民养老保险和新型农村合作医疗保险。问卷调查结果显示，村民参加社会

表 3-1　2016 年百豪村村民外出务工状况比较

单位：%

务工状况比较		非建档	建档
务工状况各项占比	乡镇内务工	13.01	5.69
	乡镇外县内务工	10.57	3.25
	县外省内务工	3.25	3.25
	省外务工	21.95	17.07
	其他	43.90	60.98
各务工时间段占比	3 个月以下	7.32	7.44
	3~6 个月	8.13	6.61
	6~12 个月	47.15	38.84
	无	34.14	36.36

养老保险的户数为 165 户，比例为 22.63%。参加新型医疗保险的户数为 709 户，比例为 97.26%。2015 年农村常住劳动力中，没有参加任何医疗保险的人不足 1%，92.5% 的人参加新型农村合作医疗保险，11.5% 的人没有参加任何养老保险，80% 的人参加新型农村社会养老保险。[①] 百豪村的养老保险参与情况不太好，参与率低于这一水平（见表 3-2）。在调查过程中发现，村民们为了省钱一般到 45 岁以后才缴纳养老保险，认为提前交养老保险是一种浪费钱的行为，自己得不到任何好处，在这种想法的驱使下，只有上了年纪的村民才缴纳养老保险。

（五）生活水平

生活水平主要通过村民住房条件、住房类型两项来进行评估。特别是在中国的农村地区，家中能盖起小洋房是

---

① 国家统计局住户调查办公室:《中国农村贫困监测报告 2016》，中国统计出版社，2016。

表 3-2　2016 年百豪村村民社会保险参与比较

单位：%

社会保险参与比较		非建档	建档
养老保险参保情况	城乡居民基本养老保险	40.50	35.54
	城镇职工基本养老保险	3.30	1.65
	商业养老保险	0.00	0.00
	退休金	0.00	0.00
	均无	56.20	62.81
医疗保险参保情况	新农合	94.31	96.75
	城镇居民医保	0.00	0.81
	职工医保	0.00	0.81
	商业医疗保险	1.63	4.88
	均无	5.69	2.44

生活水平提高的重要标志。这一点在百豪村也不例外，早年出去打工的村民多少有了些积蓄，率先盖起楼房。

虽然危房改造项目刚刚完成，但是对于目前的住房条件，在调查对象中并没有感到非常满意的住户。50%的非建档户对住房条件比较满意，而这一条件下的建档户只有 30.30%。对住房条件不太满意和很不满意的非建档户比例分别为 20% 和 3.33%。建档户比例为 3.33% 和 12.12%，很不满意的比例为非建档户的 4 倍。建档户的住房基本上都是 2015 年危房改造后建造起来的，"危房改造"项目为需要改善住房条件的贫困户提供了 24500元的建房款，原住在危房旧房里的贫困户住房条件都有了很大的改善。危房改造工程的效果非常显著，百豪村在住房这一维度上的贫困发生率大幅降低。但是住房条件改善了，满意度并没有随之上升。问卷结果显示，有 48.49% 的建档户对住房改善的结果不满意。危房改造工

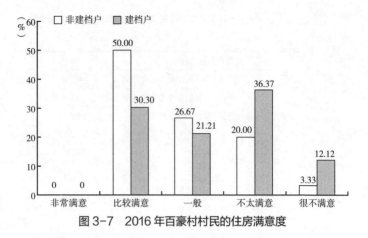

图 3-7　2016 年百豪村村民的住房满意度

程实实在在地解决了村中的危房问题，相当比例的村民对自家住房不够满意可能是相互攀比导致的。

百豪村危房改造工程之后，村里几乎没有危房，房屋都是钢筋混凝土结构的。非建档户都是楼房，建档户的楼房比例也超过了六成。2016 年，非建档户的住房结构中砖混材料的占 44.83%，钢筋混凝土的占 55.17%。建档户住房结构中砖混材料的占 16.13%，钢筋混凝土的占 77.42%。与 2015 年农村居住钢筋混凝土和砖混材料结构住房的农户占 60% 这一数据相比，可见危房改造工程真正促进了百豪当地住房条件的改善，解决了住房维度上的贫困问题。

自 2015 年起，百豪村开始村级道路建设，初步解决了村民出行难的问题。2016 年百豪共硬化村级道路 12.4 公里，还剩下 1 公里，预计 2017 年全部建成。在问卷调查对象中仍有 23.33% 的非建档户和 21.21% 的建档户门口通的是泥土路。在入户走访过程中我们发现有的村民居住在山中，实现全硬化道路的难度较大。

表 3-3　2016 年百豪村村民住房与道路

单位：%

住房条件		非建档	建档
各住房类型占比	平房	0.00	30.30
	楼房	100	69.70
主要建材占比	竹草土坯	0.00	0.00
	砖瓦砖木	0.00	6.45
	砖混材料	44.83	16.13
	钢筋混凝土	55.17	77.42
	其他（注明）	0.00	0.00
入户道路类型占比	泥土路	23.33	21.21
	砂石路	16.67	15.15
	水泥或柏油路	60.00	63.64

（六）生活设施

是否使用清洁的炊事用能源是多维贫困生活水平维度的一个重要指标。柴草是中国农村居民的主要燃料。百豪村中，63.33% 的非建档户和 69.7% 的建档户以柴草为最主要的炊事用能源。还有 20%~30% 的农户使用燃料用油，6% 左右的农户使用罐装液化气，3% 左右的农户使用煤炭（见表 3-4）。根据中国贫困监测报告，柴草依然是超过半数的农户的燃料首选。2015 年，贫困地区 54.9% 的农户以柴草为主要燃料，16.3% 的农户使用煤炭，16% 的农户使用电，8.8% 的农户使用灌装液化石油气。[1]

---

[1]　国家统计局住户调查办公室：《中国农村贫困监测报告 2016》，中国统计出版社，2016。

表 3-4　2016 年百豪村村民生活设施状况

单位：%

生活设施		非建档	建档
沐浴设施类型占比	无	43.33	66.67
	电热水器	40.00	15.15
	太阳能	0.00	3.03
	空气能	0.00	0.00
	燃气	6.67	3.03
	其他	10.00	12.12
取暖设施类型占比	无	60.00	72.73
	炕	23.33	21.21
	炉子	3.33	0.00
	电暖气	6.67	3.03
	其他	6.67	3.03
	空调	0.00	0.00
	土暖气	0.00	0.00
最主要炊事用能源占比	柴草	63.33	69.70
	煤炭	3.33	3.03
	罐装液化石油气	6.67	6.06
	管道液化石油气	0.00	0.00
	管道煤气	0.00	0.00
	管道天然气	0.00	0.00
	燃料用油	26.67	21.21
厕所类型占比（公共服务）	传统旱厕	30.00	60.61
	卫生厕所	66.67	30.30
	没有厕所	3.33	9.09
	其他	0.00	0.00

在调研过程中，我们发现农户的炊事用能源趋向多元化，虽然仍以柴草为主，但液化气、电磁炉都走进了农户的厨房。柴草作为随手可得的燃料使用成本低，至于能源清洁性并不在村民考虑的范围内。

中国农村的厕所卫生问题一直是阻碍农户生活水平

提高的一大因素。没有独立卫生间和使用旱厕都是这方面落后的表现，这一方面非建档户和建档户的差距较大。有33.33%的非建档户还没有卫生厕所，但是在建档户中这一比例接近70%。2015年农村贫困地区使用普通旱厕和没有独立卫生间的比例为69.5%。可见贫困地区卫生厕所这一问题依然没有得到足够的重视。"厕所革命"不仅要在各个景区也要在广大农村地区积极开展。

生活中的污水垃圾等污染物的处理方式体现了当地村民的环境保护意识和当地生活污染处理方面的基建情况。在生活污水处理方面，通过管道排放的非建档户比例为16.67%，在建档户中比例为9.09%。随意排放的非建档户比例为10%，但在建档户中的比例高达42.43%，接近半数。在垃圾处理方面，定点处理垃圾的非建档户比例达到70%，建档户中只有半数左右（见表3-5）。一方面，百豪村缺乏对日常生活污染物对环境破坏的宣传。村里目前的垃圾处理方式是定点统一焚烧，有4处垃圾焚烧点。平时附近的农户饱受垃圾臭味的困扰，垃圾焚烧时还会产生有害气体直接威胁当地居民的身体健康。此外，生活污染物的随处排放也会影响村里的生态环境和饮水安全。"上面的直接把垃圾倒在路边，雨水把垃圾冲到水窖附近，水就不能喝了"，百豪村村民靠天喝水，基本上都是存储雨水来喝。暴露的垃圾会随着雨水流入水窖，污染村民的饮水。

表 3-5　2016 年百豪村生活污染处理方式比较

单位：%

生活污染处理（公共服务）		非建档	建档
生活污水处理方式占比	管道排放	16.67	9.09
	排到家里渗井	16.67	9.09
	院外沟渠	53.33	39.39
	随意排放	10.00	42.43
	其他	3.33	0.00
生活垃圾处理方式占比	送到垃圾池等	20.00	34.38
	定点堆放	50.00	9.38
	随意丢弃	10.00	34.37
	其他	20.00	21.87

（七）饮水安全

在与村干部和村民的交谈中，调研人员发现当地饮水安全是一个没有得到足够重视的现象。户问卷的统计结果也反映了这一事实。百豪村没有通自来水，但是有 26.7% 的非建档户和 9.1% 的建档户最主要的饮水水源是自来水，这可能是由于他们平时并不生活在村子里，只在重大节日短暂回家团聚几天。有 40% 左右的农户日常主要饮用不受保护的泉水、井水或者雨水，是对身体健康的严重威胁。

在饮水困难方面，完全不存在这方面困难的农户只占 35% 左右。一年中缺水时间超过 15 天的非建档户比例是 33%。在建档户中这一比例超过了半数，达到了 57.6%（见表 3-6）。

综合这三个方面，百豪村主要存在饮水质量和饮水困难两方面的问题。2015 年，全国贫困地区有 19.4% 的农户使用不受保护的井水和泉水，1.7% 的农户使用江河

表 3-6　2016 年百豪村村民饮水设施比较

单位：%

饮水情况调查		非建档	建档
是否有管道供水	管道供水入户	60.00%	63.64%
	管道供水至公共取水点	16.67%	15.15%
	没有管道设施	23.33%	21.21%
是否存在饮水困难	单次取水往返时间超过半小时	0.00%	0.00%
	间断或定时供水	30.00%	9.09%
	当年连续缺水时间超过 15 天	33.33%	57.58%
	无上述困难	36.67%	33.33%

湖泊水，1.9% 的农户使用收集的雨水。[①] 百豪村的这几项指标不管是在建档户还是非建档户中都远远超过 2015 年中国农村的平均水平。超过 40% 的非建档户和超过 50% 的建档户使用的都是不卫生的饮用水。而在饮水困难这一项，问卷的结果依然让人担忧，不存在饮水困难的综合比例为 35%。2015 年，全国农村贫困地区 85.3% 的农户不存在饮水困难。[②] 可见百豪村的饮用水问题在农村贫困地区非常突出。

村里常住的非建档户和建档户在饮用水源这方面差别不大，使用没有保护的水源的比例都超过了 40%，建档户比非建档户在使用江河湖泊水一项中多出 12%。管道供水入户解决了农村取水难用水难的问题。百豪村当地 60% 左右的农户实现了管道入户。16% 左右需要去公共取水点取水，其他农户则一般自家储水使用。

---

① 国家统计局住户调查办公室:《中国农村贫困监测报告 2016》，中国统计出版社，2016。

② 国家统计局住户调查办公室:《中国农村贫困监测报告 2016》，中国统计出版社，2016。

第三节　百豪村收入差距及其收入再分配效应

一　扶贫政策与收入再分配效应的理论背景

随着改革的深入，中国经济发展不均衡、收入差距大的问题逐渐显露出来。不断拉大的贫富差距已经成为制约社会和谐发展、威胁建设小康社会的主要因素之一。根据国家统计局发布的数据，虽然近年来中国基尼系数整体呈下降趋势，但仍居高不下。2016年的基尼系数达到0.465，高于国际警戒水平。社会各界充分意识到这一问题，新政策不断出台，宏观调控收入差距。各界学者从不同角度，使用不同方法去评测政策效果。在缩小收入差距，实现公平发展、全民小康的路上，我们还有很多目标尚未完成。

大量研究表明，中国不完善的分配秩序导致分配结果不尽如人意，使收入分配的过程中出现差错。问题一方面存在于收入构成的机制中。首先，国有部门工资收入明显高于私有部门收入，且增长速度较快。其次，现在社会中依然存在公职人员利用职权大肆敛财现象，这部分灰色收入是法律制度外的漏网之鱼。[1]最后，中国政务财政公开透明度较低，这实际上也为权力寻租的不法行为提供了空间。"十三五"规划中提出"遏制以权力、行政垄断等非

---

[1]　易定红、张维闵、葛二标：《中国收入分配秩序：问题、原因与对策》，《中国人民大学学报》2014年第3期，第29~38页。

市场因素获取收入"，正是要从源头遏制犯罪的发生，减少国家资源的损失。还有学者提出不平等的机会可以解释过大的收入差距。[①] 人们如果因户籍背景、社会关系而无法获得同等的发展机会，很容易会产生难以排解的愤慨，严重可激发社会冲突，破坏社会稳定。因此，政府应引导社会为人们提供公平公正的机会，营造和谐的氛围。

目前，中国政府实施的转移支付和税收是减少收入差距的主要方式，且随着收入分配改革的推进分配改善效果明显提升。[②] 但巨大的收入差距并未就此消失。社会保险制度设计的初衷是为全民提供有保障的生活、缩小各界差距，但制度未实现设计目标。第一，社会保险覆盖面有限。由于缺少政策宣传，一些思想守旧的居民仍不愿加入保险。第二，社会保险地区、城乡差距大。目前中国的养老保险、医疗保险都处在城乡统筹的阶段，城乡差距有所减小，但发达地区与落后地区之间的差异仍没有得到重视。第三，社会保险制度设计存在缺陷，社会保险一家独大，社会福利和社会救助得到的财政支持远远不能支撑其发挥该有的功能。待遇与缴费高低直接相关，对低收入人群不友好。[③] 就具体险种来看，养老保险的缴费率越高回报率差异越大，反而加剧了不平等的现状。[④] 除了公共

① 陈斌开、曹文举：《从机会均等到结果平等：中国收入分配现状与出路》，《经济社会体制比较》2013 年第 6 期，第 44~59 页。
② 刘柏惠、寇恩惠：《政府各项转移收支对城镇居民收入再分配的影响》，《财贸经济》2014 年第 9 期，第 36~50 页。
③ 王延中、龙玉其、江翠萍、徐强：《中国社会保障收入再分配效应研究——以社会保险为例》，《经济研究》2016 年第 2 期，第 4~15、41 页。
④ 孙祁祥、林山君：《中国养老保险制度的收入再分配效应分析》，《财贸经济》2014 年第 5 期，第 61~69 页。

转移支付，相继有学者开始关注扶贫政策与收入分配的关系。扶贫政策缓解了日益扩大的贫富差距，特别是有利于贫困地区赶上其他地区的发展速度。此外产业扶贫政策改进了落后地区的生产方式，提高了生产能力，让贫困人口真正得到与命运抗争的机会。[①] 调研发现，即使像百豪村这种深度贫困地区也存在较大的收入差距。有钱的村民盖楼买车，甚至在县城省城都有住所。极端贫困的村民虽然在危房改造的帮助下可以搬进新房，但依然是家徒四壁。下面结合村问卷和户问卷数据分析百豪村的收入分配情况。

二 百豪村村民收入支出和消费结构

根据问卷数据计算可得，2016 年建档户户均收入为16572.28 元。工资性收入是占比最大的收入来源，比例高达 52.46%。农业经营性收入比例为 4.22%。收入来源前三项为工资性收入 52.46%、补贴性收入 17.47% 和报销医疗费 9.98%。

2016 年非建档户户均收入为 24435.68 元，同样工资性收入是最大的收入来源，金额为 17182.92 元，约为建档户收入的两倍。收入来源前三项为工资性收入 70.32%，净非农业经营性收入 12.82%，养老金、离退休金收入 4.52%。见表 3-7。

---

① 张伟宾、汪三贵：《扶贫政策、收入分配与中国农村减贫》，《农业经济问题》2013 年第 2 期，第 66~75、111 页。

表 3-7　2016 年百豪村村民收入结构比较

单位：%

户均收入结构		非建档	建档
2016 年人均收入各项来源占比	工资性收入	70.32	52.46
	净农业经营收入	3.58	4.22
	净非农业经营收入	12.82	3.12
	财产性收入	0.00	0.00
	赡养性收入	0.00	0.00
	低保金收入	0.00	3.89
	养老金、离退休金收入	4.52	5.20
	报销医疗费	4.45	9.98
	礼金收入	3.68	3.66
	补贴性收入（救济、农业及其他）	0.63	17.47

与建档户相比，非建档户的工资性收入对收入的贡献更大，也完全摆脱了对补贴性收入的依赖。农业经营性收入方面，非建档户和建档户的比例都很低，分别为 3.58%和 4.22%。2015 年全国贫困地区的人均收入中经营性收入占比为 42.9%。[①]百豪村农户经营性收入占比非常小，这与当地种植业养殖业发展水平落后、山区自然条件限制有关。

由于百豪村的收入水平低，贫困时间长，表现在消费上本应是食品消费比较高。但是与预期相反的是，建档户的食品支出比例却低于非建档户（见表 3-8）。

---

① 国家统计局住户调查办公室：《中国农村贫困监测报告 2016》，中国统计出版社，2016。

表 3-8　2016 年百豪村村民消费结构比较

单位：%

户均支出结构		非建档	建档 （去掉极端值）
2016 年人均支出 各项占比	食品支出	41.71	33.99
	报销后医疗总支出	18.19	15.11
	教育总支出	18.37	24.69
	养老保险费	0.83	0.88
	合作医疗保险费	2.92	2.99
	礼金支出	17.98	22.34

2016 年非建档户平均支出为 14764.48 元，支出最多的三项为：食品支出 6158.33 元，占比 41.71%；报销后的医疗费支出 2686.21 元，占比 18.19%；教育总支出 2711.67 元，占比 18.37%。食品、医疗、教育是非建档户支出的三大块，恩格尔系数为 41.71%，处在小康水平。

2016 年建档户平均支出为 15664.73 元，支出最多的三项为：食品支出 5324.38 元，占比 33.99%；教育总支出 3867.5 元，占比 24.69%；礼金支出 3500 元，占比 22.34%。恩格尔系数为 33.99%，按照经验分析反常达到富裕水平。入户问卷的消费数据较为反常，这是因为在进行入户问卷时，由于平时食品多为自产，食品支出部分填写为零，拉低了平均数造成结果偏差。

通过非建档和建档户之间的比较可以看出，食品、医疗、教育是百豪村村民支出最重要的三个方面，值得注意的是礼金支出在 2016 年非建档户和建档户支出中的占比分别达到 17.98% 和 22.34%，与教育支出几近持平。

除了一般性消费，在耐用消费品方面，建档户的家庭耐用消费品拥有量低于非建档户，但是在农机具的拥有量上与非建档户没有差异（见表3-9）。

表3-9　2016年百豪村非建档户与建档户的家庭耐用消费品拥有量比较

家庭耐用消费品拥有情况		非建档	建档
家庭耐用消费品每百户拥有数量	彩色电视机（台）	75.00	66.00
	洗衣机（台）	51.00	38.00
	电冰箱或冰柜（台）	57.00	44.00
	电脑（台）	6.00	6.00
	手机（部）	155.00	168.00
	联网智能手机（部）	141.00	119.00
	摩托车/电动自行车（三轮车）（辆）	68.00	55.00
	轿车/面包车（辆）	4.83	0.00
	卡车/中巴车/大客车（辆）	1.60	0.00
农机/农业设施拥有数量	拖拉机（台）	0.00	0.00
	耕作器械（台）	6.67	6.67
	播种机（台）	0.00	0.00
	收割机（台）	0.00	0.00
	其他农业机械设施（台）	1.60	0.00

2016年百豪村非建档农户百户彩色电视机拥有量为75台，洗衣机51台，电冰箱或冰柜57台，手机155部，联网智能手机141部，摩托车68辆，轿车/面包车4.8辆，卡车/中巴车/大客车1.6辆。建档户百户彩色电视机拥有量为66台，洗衣机38台，电冰箱或冰柜44台，手机168部，联网智能手机119部，摩托车55辆。农耕器械方面，非建档户和建档户百户耕作器械拥有量为6.67台。与2015年贫困

地区平均水平相比，百豪村耐用消费品拥有量与之还有一定距离。2015 年，贫困地区百户汽车拥有量为 8.3 辆，洗衣机 75.6 台，电冰箱 67.9 台，移动电话 208.9 部，计算机 13.2 台。

三　2016 年百豪村基尼系数测算

基尼系数是被广泛用于测量不平等程度的指数。测算基尼系数的一个重要方法是洛伦兹曲线与绝对收入公平线围成的面积与绝对公平线与坐标轴围成的面积比。一般来说，一个国家或者地区的基尼系数超过 0.4 代表收入差距较大，超过 0.6 意味着收入差距过大，可能会破坏社会稳定。

根据国家统计局公布的基尼系数来看，从 2008 年开始，全国居民人均可支配收入基尼系数处于不断下降趋势。2016 年是 0.465，较 2015 年的 0.462 有微弱回升但并不改变整体缩小收入差距的走向。

本文利用根据百豪村 60 份入户问卷统计得到的人均

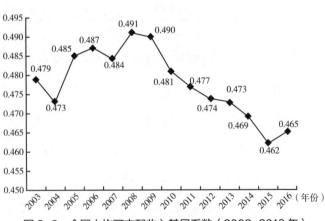

图 3-8　全国人均可支配收入基尼系数（2003~2016 年）

资料来源：中国国家统计局 2003~2016 年全国居民人均可支配收入基尼系数。

收入对百豪村的收入不平等状况进行估计，在可决系数 $R^2=0.998$ 的前提下，较可靠地拟合当地收入曲线来计算基尼系数。此外，计算时考虑到二次分配后建档户补贴性收入对基尼系数的影响。本文依照统计局计算人均收入的方法，每户家庭纯收入除以户规模得到百豪村样本中的人均收入。不计入补贴性收入的收入包括：工资性收入、农业经营性净收入、非农业经营性净收入、财产性收入、赡养性收入、养老金离退休金收入、报销医疗费收入、礼金收入。计入扶贫补贴的家庭收入则是在此基础上加上低保金收入与补贴性收入（救济、农业及其他）。

（一）不计入扶贫补贴的基尼系数测算

图 3-9、图 3-10 中横轴即 X 轴代表从低收入到高收入的累计人数百分比，纵轴 Y 轴代表累计收入百分比。$y=x$ 代表收入分配绝对公平曲线。百豪村不受补贴性收入影响的基尼系数为图 3-9 中深色月牙形面积的数值。此时，基尼系数 $=[\frac{1}{2}-\int_0^1(2.267 \times x^4-2.745 \times x^3+1.449 \times x^2-0.048 \times x)] \div \frac{1}{2}=0.5477$，大于 0.4，高于国际警戒线，也高于 2016 年全国水平 0.465。

（二）计入补贴性收入的基尼系数测算

当加入扶贫补贴性收入后，经过计算，基尼系数 $=[\frac{1}{2}-\int_0^1(1.495 \times x^3-0.649 \times x^2+0.260 \times x)] \div \frac{1}{2}=0.4251$，收入二次分配后，百豪村基尼系数有所下降，依然高于国际 0.4 的标准，但低于 2016 年全国平均水平。

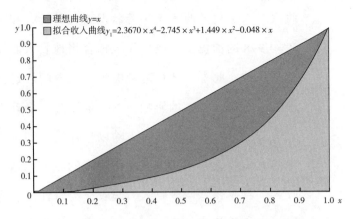

图 3-9　2016 年百豪村不计入扶贫补贴后的洛伦兹曲线

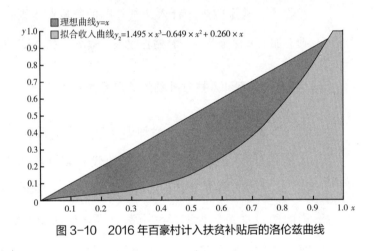

图 3-10　2016 年百豪村计入扶贫补贴后的洛伦兹曲线

四　帕尔玛比值测算

帕尔玛比值由全球发展中心的两位研究员共同提出。这一指标以剑桥大学经济学家帕尔玛的研究为基础。帕尔玛在做收入分布的研究时发现：1990~2010 年，约占国民一半的中等收入群体的收入总量也占国民总收入的一半。40% 的低收入群体和 10% 的高收入群体的总收入占剩下的一半，但两者所占比例在不同国家、地区间存在较大差异。研究结果表明，10% 高收入群体的总收入与 40% 低收入群体的总收入的比值对收入分配的变动非常敏感，可以衡量收入分配的不平等程度。且随着高低收入群体的收入差距拉大，帕尔玛比值会大幅上升，比基尼系数更加直观易理解。[1]

①不计入扶贫补贴的帕尔玛比值

根据入户问卷得到的收入数据，帕尔玛比值 =10% 高收入人口的收入总和 /40% 低收入人口的收入总和 =398855/107847.5=3.70。

②计入扶贫补贴的帕尔玛比值

帕尔玛比值 =10% 高收入人口的收入总和 /40% 低收入人口的收入总和 =422955/122113.5=3.46。

由于帕尔玛比值提出时间较短，目前针对各国帕尔玛比值的跟踪研究还是空白。只有 1990~2005 年世界主要国家的帕尔玛比值作为参考。2005 年，世界的帕尔玛比值为 1.8，中国的帕尔玛比值为 2.15。[2] 帕尔玛比值和基尼系数一样，都是反映收入不平等的指标，两者联系紧密。可以粗略推测百豪村的收入不平等程度要高于全国水平。

综上所述，可见二次收入分配对收入不平等的严重程度有一定缓冲作用，但在数值上体现得不明显。一是由于样本量太小，只抽取了百豪村的 60 户，不足以体现这种

[1]　贡森、葛延风、〔挪〕斯汀·库勒（Stein Kuhnle）:《中国人类发展报告 2016：通过社会创新促进包容性的人类发展》，中译出版社，2016。

[2]　贡森、葛延风、〔挪〕斯汀·库勒（Stein Kuhnle）:《中国人类发展报告 2016：通过社会创新促进包容性的人类发展》，中译出版社，2016。

下降的趋势。二是这里收入的二次分配不是直接对村里收入的再分配，而是针对全国收入的宏观调控。从转移支付前得到的结果来看，百豪村不管是基尼系数还是帕尔玛比值都处在高水平，收入不平等问题非常突出。

第四节　百豪村的多维贫困测量

一　多维贫困测量方法介绍

近年来，随着多维贫困理论的不断完善，测量方法也变得多种多样。本研究采取的是由牛津大学人类发展中心的 Alkire 和 Foster 提出的 AF 测量方法。需要计算同一时间段内，一个个体或者家庭不同维度上的被剥夺程度。例如对缺少教育、健康状况差等构建多维贫困指数 MPI。MPI 由多维贫困发生率 H（k）和贫困强度指数 A（k）组成，M（k）=H（k）×A（k）。k 表示被剥夺指标的临界值，如果个体在 k 或者 k 以上的指标被剥夺，可以被界定为多维贫困者。贫困强度指数 A（k）代表所有符合条件的多维贫困对象平均被剥夺的指标数与总指标的比值。

多维贫困按照各维度分解，赋值后和加上权重后在满足多维贫困的维度下，多维贫困指数 M（k）可以按维度进行分解。某维度的贫困指数是在这一维度上被剥夺的个体总数之和与样本总维度数的比值。每个指标的贫困指数与 MPI 的比则是其对多维贫困的贡献率。

MPI 指数通过健康、卫生和生活水平 3 个维度 10 项指标来测度贫困。AF 方法依据联合国千年发展目标可合理选取不同维度来取得不同侧重的测量效果。一般包括经济性指标和社会性指标。本文选取百豪村入户问卷中可计算得到的人均收入、教育、健康、生活质量外加公共服务这 5 个维度 13 个指标，并且加入生活用水维度用来单独考察问卷反映出来的水贫困问题。参考中国人类发展报告和中国贫困检测报告，结合当地具体情况，将所用的维度、指标标示于表 3-10。

表 3-10　贫困的各维度、指标

维度	指标	剥夺临界值
收入	人均收入	采用 2015 年价格调整后的"2010 年贫困标准"2855 元，低于该标准，赋值为 1
教育	受教育水平	选取户主的受教育水平作为指标，若为文盲或者小学，赋值为 1
健康	家庭健康状况	家里有人疾病程度为严重，赋值为 1
生活质量	建房材料	建房材料为竹草土坯，赋值为 1
	炊事主要能源	主要能源为柴草，赋值为 1
	卫生厕所	传统旱厕或没有卫生间，赋值为 1
	最主要饮用水源	水源不卫生不受保护，赋值为 1
	家庭耐用消费品	摩托车、电动自行车（三轮车）、其他机动车辆或者农耕器械一样没有的，赋值为 1
公共服务	入户路类型	入户路类型非水泥路或柏油路，赋值为 1
	管道供水	没有管道供水，赋值为 1

百豪村多维贫困情况的测算以当地入户问卷的数据作为基础。数据中包含了 2016 年 63 户农户的基本信息、生活水平、健康状况、农业自营、务工状况、基层治理、文化业余活动、子女教育、建档反馈等共 9 个方面的详细信息。可以从各方面多维度考察当地贫困状况。

二 百豪村多维贫困指数具体测算

一般来说，只要家庭在 3 个维度上是贫困的，就可以被界定为多维贫困。在 k 的不同取值下，计算得出的 M（k）随之改变。根据入户问卷中数据计算可得，百豪村的平均贫困维度是 4。最多的一户在 10 个指标上存在贫困。本文选取 k=3 到 k=10 这一指标范围，并采取各维度等权重的算法。

表 3-11　百豪村各指标权重系数

维度	收入	教育	健康	生活质量					公共服务	
指标	户人均收入	户主受教育水平	家庭健康水平	建房材料	炊事材料	卫生厕所	饮用水	耐用品	入户路	管道供水
权重	0.2	0.2	0.2	0.04	0.04	0.04	0.04	0.04	0.1	0.1

表 3-12　百豪村不同维度上的贫困发生率

k 取值	3	4	5	6	7
户数（户）	48	35	25	11	2
贫困发生率（%）	76.19	55.56	39.68	17.46	3.17

这里 k=3 表示在 3 或以上的维度上存在贫困。从表 3-12 可以看出，当 k=3 时，百豪村的多维贫困发生率高

达 76.19%。随着临界维度的增加，贫困发生率逐渐降低。当 k 增加到 7 时，仅有 2 户满足，贫困发生率为 3.17%。因此，百豪村样本主要在 1~6 个指标上陷入贫困。结合表 3-11 赋予的权重，计算多维贫困发生率、贫困强度指数和多维贫困指数，并将结果列于表 3-13。

表 3-13　百豪村多维贫困指数

k	H（k）	A（k）	M（k）
3	0.7169	0.4654	0.3336
4	0.5556	0.5349	0.2971
5	0.3968	0.5848	0.2321
6	0.1746	0.6691	0.1168

从表 3-13 可以看出，随着维度的增加，贫困发生率和多维贫困指数呈下降趋势，贫困强度指数不断攀升。

三　不同群体的多维贫困状况比较

进一步观测户主年龄对家庭陷入多维贫困的影响。户主年龄在 14~59 岁段家庭陷入贫困的平均维度为 3.46，户主年龄在 60 岁以上的家庭陷入贫困的平均维度为 4.87。由图 3-11 可知，老龄户主的家庭在收入、教育、健康、生活质量和公共服务维度上的贫困发生率普遍高于劳动力年龄段户主家庭。收入、饮用水源、卫生厕所指标上的发生率均超过 70%，可见老龄户主的家庭收入整体偏低，生活质量堪忧，更容易陷入贫困。

户主的受教育程度不同，家庭在各个维度上的贫困发

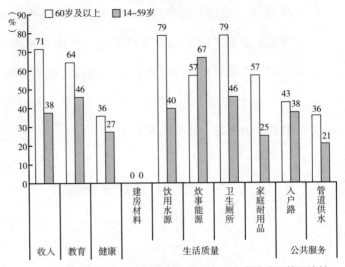

图 3-11　2016 年不同年龄的百豪村户主家庭多维贫困状况比较

生率也存在差异。除去教育维度，户主受教育水平为文盲或小学的家庭平均发生贫困的维度为 3.9，户主受教育水平为初中及以上的家庭平均发生贫困的维度为 2.79。由图 3-12 可知，除了饮用水这一维度，受教育程度低的户主家庭在其他各个维度上的贫困发生率都较高。其中，收入、炊事能源、卫生厕所、入户路等指标的贫困发生率均超过了 50%。在公共服务方面，户主教育程度为文盲或小学的家庭的贫困发生率是教育水平高的家庭的两倍左右。

　　综合来看，户主的年龄比户主的受教育程度对家庭多维贫困状况的影响更大。老龄户主的家庭有 6 项指标的贫困发生率超过 50%，而受教育程度低的户主只有 4 项。老龄家庭一般都面临缺乏劳动力和因病致贫的风险。百豪村老龄家庭的收入维度贫困发生率高达 71%，健康维度高达 64%，相较其他群体更加需要关注和帮扶。

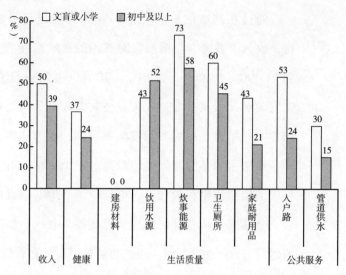

图 3-12　2016 年不同教育水平的百豪村户主家庭多维贫困状况比较

四　各维度贫困指数分解测算

　　多维贫困分析的好处在于可以根据研究需要进行多方面分解，研究贫困贡献率。本文将各贫困指数按照维度分解，比较计算各个维度对百豪村贫困的贡献率，对当地贫困状况做进一步的深入分析。

表 3-14　百豪村不同维度下的贫困发生率和贡献率（k=3）

维度	收入	教育	健康	生活质量					公共服务	
指标	人均收入	户主受教育程度	家庭健康水平	建材	炊事能源	卫生厕所	饮用水	耐用品	入户路	管道供水
发生率（%）	44.44	47.62	30.16	0	65.08	52.38	47.62	31.75	38.10	22.22
贡献率（%）	21.49	25.96	17.01	0	6.80	5.37	4.48	3.22	9.85	5.82

通过在选取的 5 个维度 10 个指标上进行分解处理可得，收入、教育、生活质量对贫困的贡献率最高，分别达到 21.49%、25.96%、19.87%。其中户主的受教育程度对家庭的贫困贡献率超过收入。公共服务对贫困的贡献率为 15.67%。结合各指标贫困发生率可知，炊事能源、卫生厕所、饮用水源是贫困发生率最高的三个指标，可见百豪村村民的生活质量普遍较低，也反映了当地基础设施建设落后、公共服务质量低的问题。因此提高收入、加强基础设施建设对提高生活质量、缓解当地贫困现状会有较大帮助。

就各项指标具体分析可以得到以下几点。第一，健康维度上的贫困发生率以及其对总体贫困状况的贡献率与其他指标相比处于中间水平。健康并不是当地贫困状况最严重的一部分。但因病致贫是村民自选类型占比最大的一项。测算的结果与村民对自家的主观判断相左。第二，缺少资金、土地、技术或者劳动力最终都体现为家庭收入来源的减少，直接影响了收入维度的贫困指数。第三，农户的生活质量一方面受自家收入影响，另一方面受当地基础设施建设的限制。例如可根据入户路类型判断当地道路硬化的项目进度。这一指标的贫困发生率接近 40%，说明百豪村硬化道路到户的项目尚未完成。管道供水入户能缓解村户旱期用水困难，提高农户生活质量，减少不清洁水源的使用。第四，教育是对百豪贫困贡献最大的维度，但仅有 10% 的贫困户将教育作为最主要致贫原因，这一点上的差异可能是对这一选项的理解不同引起，一是可以理解为对子女教育的投资引起入不敷出，二是自己缺乏教育而导致在劳动力市场上回报率过低。

精准扶贫从住房、家电、农机、机动车、饮水、用电、健康状况、受教育情况、劳动力情况等 18 个方面对村户进行打分，分数符合标准则被识别为建档户，突破了以收入衡量贫困的限制。多维贫困同样用多个指标对农户现状进行评估，并且研究者可根据不同的研究目的，选择不同维度，合理赋予指标权重，通过多维贫困指数来测度贫困状况，比单收入维度更加全面，更加有说服力。使用多维贫困的测量方法让人们不被经济上创收的单一指标一叶障目，而是从教育、健康、生活设施角度进行综合评价。多维贫困同精准扶贫的核心思想相似，拓展了扶贫工作的深度和广度，使更多的贫困人口从惠民政策中受益。

第四章

产业扶贫与市场化

大水漫灌的开发式扶贫达不到精准扶贫的战略要求，无法精准定位不同贫困地区的脱贫需求。因地制宜的产业扶贫政策弥补了这一缺陷，给贫困地区注入了新鲜血液，实实在在地推动了当地的发展。在各地实践中，第一书记联合村两委、扶贫工作队大力动员村中的贫困户积极参加产业扶贫项目。广西大部分地区都以养殖业为依托全力发展，争取成为当地的龙头企业，带动村民收入增长。贫困村民的劳动能力在此过程中得到锻炼提升，从而一举实现贫困摘帽、全面小康的目标。

　　第三章多维贫困的分析显示百豪村的收入低是贫困的一个重要原因。增加收入的一个比较有效的方式是参加产业扶贫项目。百豪村落实精准扶贫政策"八个一批"包括：扶持生产发展一批，转移就业扶持一批，移民搬迁安置一批，生态补偿脱贫一批，教育扶智帮助一批，医疗救助解困一批，低保政策兜底一批，边贸政策扶助一批。在实际实施过程中，百豪村通过加强技术培训、发放养殖鸡苗猪苗，着重突出了产业扶持的重要性和可持续性。产业扶贫具有经济收益回报的特点，是十分有生命力的扶贫方式。百豪村的自然条件恶劣，交通设施落后，资源禀赋差。当地产业扶贫刚刚起步，主要以养殖项目为主，以往产业扶贫中出现的大户垄断、精英俘获等典型问题并不存在。就百豪村养殖业扶贫项目的成果来看，主要的问题体现在产业扶贫项目与市场规律的矛盾。另外，百豪村几乎未发展过集体经济，集体经济对扶贫几乎没有发挥过作用。因此从产业扶贫的角度看，百豪村目前急需解决的问题是如何让产业扶贫项目更好地符合市场规律，如何发展集体经济并且适应市场规律，为村民谋得福利。

产业扶贫这一"造血"模式固然高效，但在具体实施中一些问题很难避免。一是经营模式分散，农村家庭经营模式仍是主流。由于地理条件和文化的影响，农民更喜欢关起门来各干各的，不管是土地还是养殖苗都分散在各家各户，产业组织程度低。二是产业融资的方式单一，无法供应长期发展资金链。贫困地区的自然资源较为贫瘠，生产科技落后。不仅需要前期引进资金技术，还要有大量资金维持后期运作。事实却是产业扶贫主要靠招商引资，一旦效益不好可能会发生撤资、倒闭的情况而失败。[1] 三

---

① 李志萌、张宜红：《革命老区产业扶贫模式、存在问题及破解路径——以赣南老区为例》，《江西社会科学》2016 年第 7 期，第 61~67 页。

是产品初级附加价值少。因为贫困地区偏远山路难行，先进技术引不进来，受条件制约多发展农副产品。当地只是完成最初的一环并没有延长产业链，因此也错失了后续的利润。

第一节 产业扶贫与市场化

一 百豪村产业扶贫项目

百豪村没有农业合作社，有专业大户 3 个、大小农业企业 7 个、加工制造企业 1 个、批发零售小卖部 3 个，但是都没有吸纳本村的人就业。2016 年培育特色产业项目为 0，培育农业合作社为 0，扶持乡村旅游项目为 0。百豪村产业扶贫缺乏基础、缺乏动力。目前来看产业扶贫对百豪村仍然没有发挥出作用，有待于进一步发展。

百豪村的产业扶贫项目主要有扶贫部门的产业扶贫启动资金、百豪村乌鸡养殖项目、东兰县低产板栗嫁接改造项目、广西民族大学产业扶持项目、扶贫小额信贷项目等。乌鸡养殖项目采用"企业 + 农户 + 养殖场"的合作社模式，由东兰县万寿谷公司提供鸡苗、饲料、技术指导，每 500 平方米鸡舍可一次养殖 5000 只乌鸡，每批乌鸡养殖时间为 4 个月，一年可养殖 2 批，乌鸡出栏时按照每只 15 元由东兰县万寿谷公司回收，年收入预计可达到 15 万元。回收后村集体、养殖户、全村贫困户按照 20%、30%、50% 比例分成，即村集体年收入 3 万元、养殖户收入 4.5 万元、贫困户收入 7.5 万元。东兰县向百豪村拨付了 10 万元，作为发展产业扶贫项目的启动资金。但是到目前村委会仍然没有启用这笔资金。村干部打算用这笔钱来扶持村中即将开展的养殖项目。

除了养殖外，板栗种植是东兰县的传统产业。东兰县所产板栗有着果仁饱满、皮薄油亮、味道甘美等优点。但是由于地区条件限制，缺乏统一规划，没有连片开发，只是由各农户小规模地经营着，产业化程度非常低。为了扶持当地的经济发展，充分发挥地理优势，进一步帮助当地摆脱贫困走向真正的致富之路，村里得到了板栗种植的补助。在村中走访过程中，调研人员发现百豪村不少屯都在半山坡上种植了板栗，据第一书记介绍这些板栗树都是嫁接改造后的，属于低产板栗嫁接改造项目。地上散落着不少熟透的毛栗子，无人问津。因为东兰县大面积种植板栗，整个当地市场处于过饱和状态，供过于求，价格低廉。此外，由于地处山区，将板栗运出销售的成本太高，许多农户任由板栗烂在地里也不去想法子外销。如此一来板栗产业没有达到当初科学化、产业化生产的目的，更谈不上帮助村民增加收入。

百豪村还与广西民族大学对口帮扶。这一产业扶持项目由广西民族大学牵头主办，主要是出资帮助村民发展养殖生产，并结对帮扶干部。帮扶标准为每人 102.8 元。帮扶项目多样可选，主要包括鸡苗、鸭苗、猪仔、杉树苗等。村民可在帮扶金额的范围内自行组合搭配种植养殖项目。广西民族大学的帮扶项目形成一个有效的追踪机制。村户不仅要出示购买生产产品的收据，而且驻村第一书记还会定期走访每一户验收成果，加拍照片确认。这样做避免了农户急于把刚到手的鸡苗鸭苗卖掉或者直接下肚的情况发生。

同时村中接受扶贫小额信贷，这主要来自东兰县小额信贷。贷款设立的目的是帮助贫困户或有发展生产需要的农户，是这几年帮助村民发展生产的主要经济来源之一。信用社先对农户的信用进行评级，符合标准的可自行贷款。3 万元或者 5 万元 3 年以内（含 3 年）免抵押、免担保，由政府财政全额贴息补助。

二　百豪村产业扶贫中存在的问题分析

百豪村的产业扶贫只是初级的养殖、种植项目的扶助，未形成规模性的养殖业或种植业。在已经实施的几个产业扶贫项目中，百豪村因为没有事先做好市场调查而未达到预期效果。这种状况的形成有其各方面原因。

（一）百豪村自然条件较差，很难形成规模性的农业产业

百豪村地处山区，村民居住分散，700 多户人家分

散居住在 100 多个山头，耕地零散分布，没有连片耕地，发展农业养殖业面临着不少困难。在访谈中，村干部说："百豪村距离县城比较远，也就是离中心远，自然比不上距离县城近的村子发展得好。村子的土地东一块、西一块的，那个田地比较小，如果我们有田地的话，我们可以搞一个大棚蔬菜，发展比较大一点，虽然现在也有人种，就是没有（成）规模。一家一户就那么一分地、两分地的，种（蔬菜）拿去卖。我想搞那个机械什么的，猪舍，但是土地都拿不出来。'40 栋一块'，十多户，五六户，十八户这样，你征他的地，用在这些地方，他们不同意啊，他不给你用啊。有平地的话，我搞猪舍或猪圈啊什么，好容易的。谁知道，四户，五六户这样组（成一组）就麻烦了，动员来动员去他们都不同意给你那个土地。"

（二）青壮年劳动力多外出打工，村内缺乏劳动力资源，空心化趋势明显

1978 年改革开放后中国经济快速发展，一些地区在经济体制的改革过程中先发展起来，但是像百豪村这样的偏远山区没有机会乘上改革的春风。先天条件限制加后天努力不足，这两点综合作用使当地贫困持续时间长、发生率高。贫穷与落后成了顽疾。发展快速、公共资源丰富的地区有资本吸引到足够的劳动力，市场在人力资源的分配过程中发挥了重要作用，因此这些地区有充足的劳动力供给，形成良性发展循环。相比之下，百豪村一直处在被

动地位等待援助，不管是旅游、养殖，还是乡镇产业，都非常落后。走不出大山就没有前途，外出务工成为村民创收的首选。青壮年劳动力从村中流失，这使得村落"空心化"趋势愈加明显。

在与村干部的小组座谈中，副主任陈艳说了自己的经历："前几天，有个（公司）下来召开招聘大会，后来我去了，填了个表，人家看我 50 岁了，他都不要我（齐笑）。所以是 30 岁、40 岁以下中间这个幅度，他才能够去应聘。老板也不想要了，年龄大了不安全啊！打苦工也打不得了。"

村干部还表示："年轻的基本都出去打工了，只有农忙季节才回来，一般在外面找活干。""50 多岁了，又回来种田种地，或者搞搞养殖，留在家里干活了。"

劳动力是基本的生产要素，缺少劳动力供给，当地的扶贫产业项目很难良好发展。百豪村计划采用"东兰县万寿谷公司 + 村委会 + 农户"的方式在村内建设 7 个乌鸡养殖场。计划在 2018~2019 年出笼 5 万 ~7 万只乌鸡，实现净利润 75 万元 ~105 万元。眼下当地青壮年大都外出务工不愿意留守乡村，这样的集体经济项目能否充满活力还是个未知数。

（三）政府主导的扶贫项目与产业发展市场化之间相脱离

政府作为扶贫资源分配的组织者，统一划拨物资，各地均等分配，在这一过程中忽视了各地发展的不同需要，抓不住欠发达地区的"痛点"。扶贫并不以市场需求为导向，但扶贫产业的运行却要通过市场体现其价值，扶贫项目产品被市场所接受扶贫产业才有"后劲"，才能可持续发展。生产作物不适应当地气候、收成后没有市场低价滞销，产业扶贫闲置了市场机制这一有限配置资源的途径。精准扶贫在贫困户识别和管理阶段都提高了精准度，节约了社会资源，但扶贫模式仍是"输血式"。"输血式"的帮扶模式忽略了地区市场需求这一重要环节，帮扶效用难以为继。在与脱贫户的小组座谈中，几户刚刚脱贫的村民对养殖扶持项目有颇多感慨。

......

村民 C：这样还可以，但是你养猪啊那种的话是赚不了钱的。

村民 A：因为我们没有那么多地方（养猪）也没有那么多人力啊这样啊。如果你养个四五十头这样的就没办法啦。

村民 E：还有那个去年东兰扶贫全都是买那个小猪发给困难户，所以去年那个小猪一斤就要二十五、二十多块。

众村民：啊哟~太贵了。

村民 C：所以我们就不养了，养不起，没有钱啊！

访谈员：那个给贫困户的种猪的钱不是政府掏的钱吗？

村民 A：没有啊，东兰的那个困难户每人发一千块，去年的时候。所以他们去年把那个小猪全部包下来。我们买不起。

访谈员：那你们现在家里都不养猪啊？

村民E：没有。

访谈员：那你感觉，给你们的这个补助，有什么自己的想法或建议吗？

村民A：这个是这样子，他给我们全部一次性的补助。给我们养鸡，我们全部养鸡，我们卖不出去，那种。这个价（格），个个都卖，价格就……等于卖不出去。太多了。

访谈员：就是讲，他说政府给的一次性补助，让他们拿来养殖，然后他就说，所以人人都养鸡，那么养的鸡太多了就卖不出去。价格太低，卖不出去。这是个现象。

访谈员：就是不能让所有的人都一次性干一件事。

……

从访谈对话中不难发现，政府在养殖项目中规定养殖种类，如果规定品种成本高，那么扶贫补贴款无法覆盖成本反而给农民造成多余的负担。即使养殖成本低，由于小范围内村民都养殖同一品种，在市场上又会形成同质竞争，最后仍然是出售价格低而收益受损。从访谈中我们发现，百豪村的产业扶贫有两个最突出的问题。一是自然条件和社会环境受限，难以形成有规模的产业，即使养猪也没有大片的地方盖猪圈，劳动力供给也无法保障。二是政府扶贫项目的养殖品种的硬性规定缺乏灵活性。在不事先进行市场评估的情况下，规定贫困户养殖同一品种，最终的结果就是浪费了资源仍然达不到扶贫的目的。

百豪村的案例恰好证明了政府在扶贫过程中不顾市场规律而盲目进行产业投入的不良后果。2014年，百豪村陆续发放了帮扶用鸡苗鸭苗。全村共194户贫困户都靠养鸡或养鸭为生，同时养殖同时买卖，市场过度饱和，供大于求，价格下跌，除去成本所剩无几。可见这种投喂政策并未真正实现"造血"的目标，只是"打鸡血"激起了贫困村民一时的生产积极性。

第二节　集体经济的缺失

一　集体经济在扶贫中的角色

健康有活力的集体经济是带动村庄整体发展的有效途径之一。良好的村集体经济可以保障村民自治组织的顺利运作，为当地产业发展提供财力支持，同时促进当地基础设施和公共服务的不断完善。基于不同功能分类来看：政治上，村集体经济对增强基层村组的凝聚力、维护稳定的社会环境有积极作用；经济上，发展村集体经济是创收脱贫的重要方式，以集体经济为依托，村委会更有能力推进现代化农业，引进先进的生产技术，避免落后的生产力带来的发展阻力；社会功能上，村集体经济可为村公共服务的改善提供支持。村集体经济有助于村民将个人发展和村庄发展紧密联系在一起，鼓励村民多多参与到公共事业中来。①②

根据中国村集体发展的历史进程，学者将村集体发展模式的特点总结为以下几点。第一，村集体收入不稳定，易受环境资源、地理位置等外界因素的制约。仅有小部分村庄能够依靠自身发展实现村集体资产的增加。③ 第二，村集体发展模式落后，资源导向型产业占主流，技术含量较低。村集体产业多为种植业或养殖业。第三，农村土地制度和土地分红制度以及制度的不健全为村集体产业成果的公平分享设置了障碍。集体征地会给予失地农民一定补偿。村委会在土地红利分配，特别是集体内部的分配中起到关键作用，其低酬性可能会导致干部侵占农民土地分红的现象出现。④⑤

村集体经济现存的发展模式中仍然有问题亟待关注。

① 丰凤、廖小东：《农村集体经济的功能研究》，《求索》2010年第3期。
② 薛继亮、李录堂、罗创国：《基于功能分类视角的中国村集体经济发展实证研究——来自陕西省三大区域494个自然村的经验》，《四川大学学报》（哲学社会科学版）2010年第5期。
③ 郑寿庆：《村集体经济发展现状及对策》，《现代农业科技》2011年第21期。
④ 薛继亮、李录堂、罗创国：《基于功能分类视角的中国村集体经济发展实证研究——来自陕西省三大区域494个自然村的经验》，《四川大学学报》（哲学社会科学版）2010年第5期。
⑤ 张广辉：《村集体内部的土地红利分配：成员权和收益权的冲突与协调》，《现代经济探讨》2013年第11期。

尤其是在偏远农村地区，村庄基础建设条件薄弱、干部思想落后、制度政策干预等因素都是集体产业发展壮大的绊脚石。[①] 要解决这些问题，就必须对当地发展现状进行评估，准确定位。因地制宜找准适合当地情况的发展模式，拓宽发展思路。充分发挥村中先进户的带头作用，突破村集体经济发展传统模式的桎梏，此外还要提高村集体财务管理水平，防止出现集体财务混乱和资产侵吞的现象。[②]

此外，人们也应注意到村集体股份制经济是促进当地经济发展的高效手段，但短板明显。贫困人口的收入主要以农业收入为主，几乎没有任何资本积累，在农村收入结构中处在不利位置。他们有入股的意愿，却没有入股的能力，导致富的越富，穷的越穷。处在不同收入阶层的村民追求的发展目标会存在差异，而掌握多数股权的是富有村民，股份制合作社的造血功能会被削弱。因此，可通过信用社吸纳无息或低息借款作为贫困户的启动资金。政府可以通过增股的方式，年底为贫困户分配对应的现金股利来保障其最低收益。还要组织协调不同力量的发展目标实现生产效率最大化，以促进村集体经济的蓬勃发展，让发展成果惠及广大群众。

贫困地区的村集体经济普遍比较薄弱，自我发展能力不足。不仅村民没有这方面的意识，村委会成员对这方面

精准扶贫精准脱贫百村调研·百豪村卷

---

① 郑寿庆：《村集体经济发展现状及对策》，《现代农业科技》2011 年第 21 期。
② 李红梅：《关于村集体经济组织股份合作制改革的探讨》，《统计与决策》2010 年第 16 期。

的重视程度也不够。百豪村的村集体经济形式单一，收入微薄。村级组织缺乏资金，没办法发挥其设计的功能。村中的设施建设基本上都依赖扶贫资金，村委会自身没有能力改善基础设施或是办学医疗条件，村集体经济发展局限性很大。在未来村集体经济发展成熟时，要坚持专款专用、严格管理的原则。公开收支，把钱花在刀刃上，丰富村民的集体生活，从而改善基础设施建设，跟上新时代的发展步伐。

虽然偏远地区发展集体经济的起点较低，发展缓慢且充满艰难险阻，但中国仍然有成功的案例值得借鉴学习。新疆和田地区是典型的荒漠干旱地区，同时也是边疆贫困的少数民族聚居区。但就在这片贫瘠的土地上，当地的集体经济显露蓬勃的生机，为村民稳定安逸的生活提供保障。直接经营、委托经营、承包经营、租赁经营、补助收入是和田地区发展集体经济的主要方式。[1] 多种发展模式相结合，充分调动村民的生产积极性，大力开发了当地生产潜力，使政府正确认识到发展集体经济的重要性。这些都是和田地区发展起来的关键因素，对其他荒漠化地区集体经济的发展也具有模范作用。可见，若能够突破资源依赖型的旧发展模式，找准发展路线，即使受基础条件差等客观因素制约，也无法阻挡村集体经济发展的脚步。

---

[1] 王景新、严海森：《少边穷地区村集体经济有效发展研究——来自新疆和田地区的调查》，《中国集体经济》2011 年第 30 期。

二 百豪村集体经济发展现状

（一）百豪村生产条件薄弱，未来发展充满未知数

村集体经济一直是百豪村的弱项。当地村集体经济收入非常有限，无法覆盖村委会的日常开销。村党支部和村委会无资金解决村内的重大事务，因为办不了实事，村两委在群众中的影响力、带动力和号召力减弱。村民因环境恶劣，发展致富渠道有限，加之教育程度不高、观念落后、缺乏技能，外出务工收入大多不高。

据村干部介绍，百豪村在 20 世纪 70 年代有个村集体牧场，村集体经济依靠林场收租。1982 年以后承包到户，林场被收回，村集体经济也就没有了。当时林场里主要种植杉木、油茶等经济作物。1982 年之后，没有了林场的村集体失去主要收入来源。剩下两项一是外租承包 20 年的 200 亩流转山地面积，一年每亩 20 元，一次付清，二是一年 1200 元外租的拖拉机收入。这微薄的收入对村里条件的改善起不了任何作用。甚至村里的集体自留地也被分给了村民。

百豪村地处山区，在退耕还林的大背景下，村里可用耕地少之又少。大棚蔬菜、机械化农业基本上都没有实现的可能。访谈中村民纷纷表示地里的收成只够一家人的口粮，单靠种地脱贫没指望，更别谈致富了。

百豪村目前有耕地 823 亩，户均有效灌溉的面积仅为 1 亩左右，可见当地的土地资源多么紧缺，这是百豪村先

天地理条件所决定的，没有改变的余地。再加上当地的农业生产技术也十分落后，800 亩左右的农田是靠天收，耕地充分利用率仅为 3.62%。所以如果选择种植业作为发展方向，那前路必定非常艰辛。

总体来看，目前百豪村的村集体经济基础可以说是一无所有，前景堪忧。前两年政府财政拨款 10 万元给村委会，这 10 万元资金是村委会发展集体经济的全部资本。村里决定向养殖方向发展，但还提不出来一个切实可行的做法。村委会要踏踏实实从制定详细发展规划开始参与到项目中来，为村民发声争取最大利益，让村集体经济造福一方百姓。

（二）村干部思想桎梏不前，发展思路落后

百豪村村干部有思维惯性和惰性，以前什么样现在还是维持原状。村干部对集体经济的发展没有一个正确的态度，缺少行动能力。村中的发展都依赖政策支持，上级财政支持一点算一点，没有主动发展的愿望和诉求，整体处在被动的地位。靠山吃山、靠水吃水的思想使村干部丧失了对脱贫的主观能动性。

当在访谈中问到与村集体经济相关的问题时，除了外租的山地以外村干部的回答都是基本没有。后来第一书记才补充道，每年出租的拖拉机会有 1200 元的收入。这是村委会的一笔主要收入，对此在场参与访谈的几位村干部却没有印象，可见村干部并没有对村集体经济投入太多关注。对于 1982 年林场分包到户后村集体接下来应该如何发展如何规划，百豪村干部则交了一份空白的答卷。对于如何使用财政拨款的 10 万元资金来发展集体经济，村干部也是一直在强调客观条件的限制，认为村里集体经济弱是因为条件限制，村干部指出："现在我想搞那个机械什么的，猪舍，你那个土地都拿不出来。私人各一块地，十多户，或者五六户在一起一块，你征他的地，用在发展集体经济，他们不同意啊。如果是一大片地，有平地的话，我搞猪舍或猪圈啊什么好容易的。四户、五六户这样组（成一组）就麻烦了。"

对于村集体未来的发展，村干部只能模糊地回答发展养殖业。红水河中属于百豪村的七公里，两岸的绿化工作完全是东兰县管理，村干部对这一项目没有做深入了解，只能答上"县里面，全部，树苗啊什么的，全部是县林业局发下来的"。

对于已在建设计划中的养殖场项目，村委会干部只是略知一二。具体计划已经执行到哪一步，百豪村位置偏僻如何保障产品销量，如何调动村民参加这一项目的积极性等一系列的问题都没有答案。事实上，有些村民也认为，发展产业项目脱贫有一个能力强的带头人非常重要。甚至在对非贫困户的访谈中，一位刚刚脱贫的村民说："要有一定管理水平的人，带领大家，发展一些项目，这样才行。"村干部对本村未来集体经济的种子——养殖场关心不够，摆出一副"事不关己，高高挂起"的姿态。

由于地理自然环境的制约，百豪村在改革开放之初没有抓住发展的机会，而现在有政策扶持，资金帮助，村干部更应当主动承担起责任，带领村集体经济前进，助百豪村脱贫摘帽一臂之力。

三　村产业扶贫成功模式经验借鉴

广西作为扶贫工作开展的难点区域之一，在国家政策的指引下，近年来部分地区逐渐摸索出适合当地的产业扶贫发展道路，把企业的追逐市场利益性和扶贫的社会公益性相结合。通过集体企业的年度分红，合作社的农业收入实实在在地推动了当地经济的发展，不仅提高了农民的收入，还创造了大量就业岗位，激发了生产活力，推动了市场经济的繁荣。百豪村农业耕地较少，发展集体养殖业是一条可行的出路。在制订符合当地实际的计划的基础上，村里还要保证能够提供技术支撑和劳动力支持，让这一产业可持续发展下去，不断壮大。

广西钦州市钦州港区犀牛脚镇岭脚村，地处沿海，土壤肥沃，生态环境优越，但村民长期以来以种植水稻为主，原先并没有规模种植。2016年下半年，驻村扶贫工作队和村委会外出考察后，决定将辣椒种植纳入村里产业扶贫的项目。采取"公司＋专合社＋农户"的模式，实行订单式农业，带动本村34户贫困户参与种植，由合作公司按合同约定价格统一收购。辣椒奔小康种植专业合作社在2016年11月中旬开始栽种辣椒苗，目前已采摘第四批辣椒，按目前的收购价每斤1.5元来算，150亩辣椒全部卖出后差不多有 180 万元的收入。现在，岭脚村集中种植辣椒的面积已经超过 200 亩。小小的辣椒，不仅让贫困户尝到了甜头，而且成为贫困户脱贫致富的好门路。①

德保县燕峒乡那布村、宝堂村和兴旺村共有桑园 1780 亩，成立了 6 个桑蚕专业合作社，共发展社员 285 户，建立独立蚕房 7240 多平方米，小蚕共育室 3 个。以"企业 + 合作社 + 贫困户""合作社 + 贫困户"等模式运作。蚕茧年产量在 25 万斤以上，年产值 750 万元，带动了 80 个贫困户脱贫致富。为了打赢这场脱贫攻坚战，该乡一直在结合本地实际实现从"输血"到"造血"、由粗放到精准的转变。随着产业的兴起，不但实现了贫困户脱贫，也实现了绿色发展、可持续发展。②

综上所述，不管是哪个村庄都要积极向外拓展村级业务。这些成功的产业扶贫案例为贫困落后地区提供了很好的学习样板。但是各地各村的具体情况不同，仍然需要驻村干部和村委会发挥自己的能动性，积极探索适合本村的产业扶贫道路。无论如何，产业扶贫中将产业的经济效益性和扶贫的社会公益性两者结合得更好，是产业扶贫成功的最终标准。

① 卢庆毅、廖宣:《辣椒喜获丰收贫困户笑开颜》，广西扶贫信息网，2017 年 3 月 24 日，http://www.gxfp.gov.cn/html/2017/tpgj_0324/37268.html。
② 岑秀杯:《产业 + 基础 + 就业 = 脱贫》，广西扶贫信息网，2017 年 3 月 20 日，http://www.gxfp.gov.cn/html/2017/tpgj_0320/37226.html。

第三节　发展产业扶贫对策建议

发展产业扶贫和村集体经济是精准扶贫工作的一大重点，是村组织顺利运转的重要保证。拥有健康的集体经济是落后农村地区实现小康目标的重要一环。百豪村集体经济发展严重滞后，一是先天条件的制约，二是后天努力的不足。村干部作为一个村子的领头人，理应主动承担起带动全村发展的重任。但在百豪连任多届的村委会班子却没有任何关于村集体未来发展的思路，将村集体经济的落后完全归因于资源的匮乏和政策的不适宜，而不是主动出击寻找潜在的发展机会，被动地接受外界援助，而不是思考如何抓住发展机遇。因此针对上述问题，基于百豪村集体经济现状及未来发展要求，提出以下对策建议。

一　建立以帮扶对象为中心的政策制定机制

一直以来，中国的扶贫工作都是以政府和扶贫工作部门为主体的。这种从上至下、全国统筹的粗犷式扶贫，短时间内解决了贫困人口的温饱问题，但长久来看这种扶贫帮扶政策短板非常明显，缺乏针对性和可持续性。百豪村耕地稀少，各建档户接受了扶贫鸡苗后，却因市场饱和、供过于求而获利微薄，阻碍了减贫进程。国家花了大量的资金和时间，解决的是大范围低层次的温饱问题，国际认可度不高。各地区的贫困问题依然没有得到深入解决。基层扶贫部门自主性小，跟着上级的指示走，扶贫活动效率低，灵活性差。

政府在制定扶贫政策时应切实将帮扶对象的发展需求纳入考虑范围。根据当地特色采取的扶贫发展战略能够发挥其最大效用。贫困人口的发展诉求才是政策制定的核心。因此，国家应该注重基层治理，提高建档立卡户的政治参与率，给予他们表达心声的机会，并加以制度保护，保证帮扶方向与发展需求的一致性。

二 产业扶贫项目不仅要符合当地条件，也要考虑市场需要

产业扶贫项目是由政府或者帮扶单位拨款实施，在百豪村也就是进行养殖、种植业发展，但是由于自然条件限制和缺乏带头人，项目选择往往具有局限性，只局限于养鸭、羊、猪等，只能种植当地的板栗、油茶等，产业扶贫种类单一，很容易形成同质化竞争，最终是贫困农户根本无法从产业项目上受益。因此，产业扶贫首先要对项目进行市场评估，产业扶贫项目也应该多样化，避免同村竞逐、脱离市场规律而浪费扶贫资源。

三 集合村民智慧，激发村集体发展潜力

精准扶贫的目标是在 2020 年之前实现全面脱贫。通过发展村集体经济，增加村级财政收入，使村委会有能力改善村中现状。现在国家政策上重视广大贫穷落后地区的

发展，财政上加大了对村集体经济的投入。村委会应充分利用这一千载难逢的发展机会。百豪村的集体经济发展史一片空白，从零开始的集体经济必然会经历挫折风险，要在发展过程中不断学习，不断创新。但要想真正将集体经济发展起来还是得靠大家的智慧。首先明确政府在这一过程中要起到主导作用，向着目标坚定不移地前进，同时扮演好护航人的角色，提供资金和设备的支持。百豪村政府可通过招商引资，吸引外地企业前来投资建厂，既能解决留村劳动力的就业问题，又能推动集体经济的发展。其次动员村中有为青年积极参加村集体项目的建设。发挥他们的榜样作用，将全村的生产热情调动起来。

当前百豪村在成立村集体合作社的基础上，采用"东兰县万寿谷公司＋村委会＋农户"的方式在村内建设 7 个乌鸡养殖场，争取在 2018~2019 年实现年出栏 5 万 ~7 万只乌鸡，实现净利润 75 万 ~105 万元。稳步壮大村集体产业，不断增加村民收入。

四 合理利用百豪村特色资源，发展生态旅游式集体经济

发展贫困地区旅游业可以拉动内需，创造更多就业岗位，带动当地服务业的发展。村干部、村民均以主人公的方式参与进来，例如参加旅游项目的规划，报名应聘解说员、农家乐的承包者，从而激发村民投入集体经济的积极性。可向有创业需要的村民提供无息贷款或者降息贷款，培训村民的旅游服务能力，为旅游业提供保质保量的劳动

力资源，推动旅游业的起步。旅游业的发展带动当地小企业的发展，当地特色产业和特色产品都会随着游客的到来打开一片市场。产业的发展将会带动经济的提升，增加村民的收入，在保障生活的同时也能提高百豪村防范风险抗打击的能力，杜绝贫困的再生。

针对贫困地区的旅游业发展，要充分发挥旅游业的扶贫功能，一定要因地制宜，不能生搬硬套固定的模式。以增加贫困地区的收益为立足点，赋予当地居民参与权、话语权。政府作为项目的创立者和引导者，应该在贫困户和相关企业之间架起桥梁，提供资金支持、技术支持、文化支持，及时为村民答疑解惑，同时综合各方面的意见考虑，完善收益分配机制，避免后期分配矛盾的出现。

百豪村地处云贵高原，红水河中游，拥有优美且未经雕琢的自然风光。当地村民与外界接触较少，当地保留了较完整的壮族风土人情。旅游项目应充分体现当地特色，与百豪当地风土人情相结合。壮族是多节日的民族，几乎每月都有节日，其中春节、三月三节、七月十四是壮族颇为重要的节日。三月三节是壮族特有的传统节日，是传统骆越文化的主要载体。

五色糯米饭和彩蛋是三月三节的传统食物。当地居民把红兰草、黄饭花、枫叶、紫蕃藤这些植物作为染料，提取这些植物的汁液把糯米染成红、黄、黑、紫四种颜色，再加上天然的糯米饭，就成了寓意吉祥如意的五色糯米饭。彩蛋则是传统习俗中男女青年表达爱意的象征。红水河是广西的母亲河，流经东兰115公里，两岸种植了一排排整齐的木棉、桉树，风光秀丽，乘船游玩时两岸美景尽收眼底。沿岸可修建公园、开发板栗种植园，供游客参观游览，体验农家生活。百豪村中随处可见各色果树，如枇杷树、芭蕉树等，都是纯天然无污染的绿色食品。

在开发旅游项目的同时，村中基础设施建设一定要跟上步伐。目前，进村硬化公路已基本修好，但是部分路段路况依然很差，并且全村没有路灯，不通自来水，硬件条件设施差，这样的基础设施无法提供优质的旅游服务。此外，一旦下大雨，村中时有塌方现象出现，这些都是旅游项目开发的绊脚石。因此，百豪旅游资源的开发可以与东兰县的整体项目结合起来。邻县巴马是闻名世界的"长寿之乡"，东兰与巴马有很多相似的地方，可以借鉴对方的成功经验，少走弯路。

五 积极动员村内劳动力，走可持续的集体产业道路

一个村的集体产业对其经济的发展有着巨大的推动作用。发展村集体经济可以带动村民生产积极性，充分利用村内剩余劳动力。精准扶贫要求因地制宜，保障农民权益，不空喊口号，实实在在地发展贫困地区的经济生产力。

随着中国改革开放的深入、城镇化的进一步扩大，村集体经济作为社会主义市场经济的重要组成部分，其体制上也迎来了重要创新。"共同劳动，成果均分"已成为过

去，在家庭联产承包责任制的基础上，部分地区顺应市场潮流，突破传统社区的限制，率先发展起股份责任制，给村中带来了新的活力。这一举措不仅增加了村民收入，还改善了以小农经济为主的村经济结构。当下农村合作社依然是村集体经济的重要形式。发展农村合作社经济和精准扶贫的目标有着一致性，通过发展农村合作社来壮大村集体经济，对精准扶贫工作取得新的成果有着积极的推动作用。村集体经济的壮大使贫困人口有了可以依靠的产业，使他们的发展与村集体的发展紧密联系在一起。村中上下信息共享，集中资源生产力，实现脱贫致富的可持续性。

第五章

百豪村低水平的公共服务与贫困

第一节　公共服务与贫困的关系

　　20 世纪 90 年代，中国进入开发式扶贫阶段。市场经济与开发式扶贫对促进农村减贫既是机遇也是挑战。虽然开发式扶贫加快了脱贫的进程，但是这种方式过于注重实现贫困地区的经济增长，不但没有为农村开拓发展的新空间，反而孵化出市场这一抽取农村资源和生产不平等的新机制，导致城乡之间的发展差距越拉越大。绝大多数发展中国家和地区的实践基本上没有成功案例。[1][2] 经济增长

---

[1]　陆汉文、岂晓宇：《当代中国农村的贫困问题与反贫困工作——基于城乡关系与制度变迁过程的分析》，《江汉论坛》2006 年第 10 期。

[2]　杨宜勇、吴香雪：《中国扶贫问题的过去、现在与将来》，《中国人口科学》2016 年第 5 期。

的减贫作用对一部分贫困人口极为敏感，而对另一部分人几乎没有影响，[①] 对中国的研究发现这一结论同样存在，穷人从经济增长的"涓滴效应"中受益，但是不同收入人群的受益效果并不相同。[②] 对于中国来说，20 世纪 90 年代前半期中国农村减贫成功的主要原因是收入的增长和不平等的下降；而 90 年代后半期减贫速度下降，甚至贫困有所增加，则是由于此时农村和城市不平等加剧以及收入增长缓慢。人均收入水平越高，贫困越有可能和收入不平等联系在一起。[③] 因此，对于发展中国家减贫而言，减贫政策离不开那些促进经济增长的策略，但更为重要的是将其与亲贫式增长结合在一起。[④]

因此，只靠经济增长来减贫并不能帮助困难人口达到小康生活水平。此时再分配自然成为扶贫的路径。然而只用于个人的直接再分配对于处于成片贫困的深度贫困地区来说，并不能充分发挥出扶贫资源的最大效应。整个贫困环境的改变才是首要的。提高公共服务水平和加强公共设施建设才是最根本的再分配资源的手段。

西方的研究已经发现不同公共服务类别的建设都表现出对减贫的显著作用，但是不同的类别之间又有差异。农村道

---

① Henry J. Aaron, "The Foundations of the 'War on Poverty' Reexamined," *American Economic Review* 57(5)（1967）:1229-1240.

② Chuliang Luo, "Economic Restructuring, Informa Jobs and Pro-poor Growth in Urban China," *Asian Economic Journal* 25(1)（2011）: 79-98.

③ 万广华、张茵:《收入增长与不平等对中国贫困的影响》,《经济研究》2006 年第 6 期。

④ Anthony Shorrocks and R.Vander Hoeven, *Growth, Inequality ,and Poverty*（Oxford: Oxford University Press, 2004）.

路投资[①]、农业补贴[②]以及健康和教育支出[③]是实现减贫的有效手段。健康和教育上的公共支出有助于提高农业部门的生产力，但对提高贫困线以下穷人的收入作用甚微。在基础设施中，交通类基础设施投资的增加对经济增长有显著的促进作用，它加强了边缘地区与其他地区的交流，从而有利于减贫。由于地理上的隔绝，贫困人口缺少接近一些重要公共服务的机会，例如市场、信息、社会、政治网络以及健康和教育，而接近这些资源对提高贫困人口生活水平至关重要。修建道路增加了人们的就业机会，而就业机会的增加，尤其是非农就业机会的增加有利于减少贫困。缺乏便利的道路系统将人们留在农业部门，市场的隔离提高了人们从事农业活动的概率，从而形成不断循环的贫困陷阱。[④]

国内对农村公共服务与减贫之间关系的研究还比较少，但是在不多的研究中也发现农村公共服务对农村贫困具有济贫效应，[⑤]农村基础设施等方面的生产增进型公共投资促进了农村经济增长，减少了地区不平等和贫困。[⑥] 社

① Shenggen Fan, Connie ChanKang and Kerning Qian et al. "National and International Agricultural Research and Rural Poverty: The Case of Rice Research in India and China," *Agricultural Economics* 33, 3（2005）: pp.369-379.

② Davis Benjamin, Handa Sudhanshu and AlTanz Marta Ruiz, *Agricultural Subsidies, Human Capital Development and Poverty Reduction: Evidence from Rural Mexico*（Working Paper, Inter American Development Bank, Washington,D.C., 2005）.

③ Gomanee Karuna and Oliver Morrissey, *Evaluating Aid Effectivenessag against Poverty Reduction Criterion*（DESG Conference, Nottingham, 2002）.

④ Marie Gachassin, Boris Najman and Gaël Raballand, *The Impact of Roads on Poverty Reduction: A Case Study of Cameroon*（Policy Research Working Page Series 5209, the World Bank, 2010）.

⑤ 张珊珊、吴春梅:《农村公共服务支出的济贫效应分析》,《华中农业大学学报》（社会科学版）2016 年第 5 期。

⑥ 林伯强:《中国的政府公共支出与减贫政策》,《经济研究》2005 年第 1 期。

会性公共支出安排弱化可能是近年来农村减贫效应递减的最主要原因。[1]

如果从公共支出作为公共服务的衡量指标来看，不同公共服务的减贫效应不尽相同，社会救济支出、基本建设支出和农业性公共支出对减贫存在显著效应，但科教文卫支出并不存在显著的减贫效应。[2]

公共服务与公共设施均具有非竞争性与非排他性，主要包括教育、医疗、体育和文化娱乐等公共产品。政府作为公共产品的主要提供者，承担了大部分责任，包括资金支持、资源配置等。[3][4] 农村公共服务设施按照区域划分，是为了满足广大农村社区村民的生活需求，旨在为农村居民提供满足其物质生活和精神生活需要的公共产品。[5] 均等的公共服务对地域差距、城乡差距、贫富差距的缩小有积极作用。实现城乡均等化具有重要意义。脱贫减贫与建设均等的公共化服务在预期目标、战略措施上有很强的相似性。基本公共服务能为面临贫困威胁的困难人口提供生活的"安全网"，与扶贫工作相辅相成，对脱贫攻坚战的成功有重大作用。贫困落后地区的公共服务建设通常都很落后，教育医疗和公共服务供给严重不足且质量堪忧。不

① 吕炜、刘畅：《中国农村公共投资、社会性支出与贫困问题研究》，《财贸经济》2008 年第 5 期。
② 王娟、张克中：《公共支出结构与农村减贫——基于省级面板数据的证据》，《中国农村经济》2012 年第 1 期。
③ 魏涛：《论新农村公共服务设施的多中心供给模式》，《攀登》2007 年第 1 期。
④ 罗震东、韦江绿、张京祥：《城乡基本公共服务设施均等化发展特征分析——基于常州市的调查》，《城市发展研究》2010 年第 12 期。
⑤ 李燕凌、李立清：《农村公共品供给对农民消费支出的影响》，《四川大学学报》（哲学社会科学版）2005 年第 5 期。

均等的公共服务降低了居民的生活质量，使得本来就贫瘠的地区更加孤立无援。基本公共服务资源分布的不均等加大社会其他方面差距，与建设小康社会的目标背道而驰。

新时期的扶贫减贫政策不应该局限于单一的开发式扶贫，单单以增加可支配收入为目标不能满足贫困地区、困难人口全面发展的需要。要系统、全面地消除贫困，降低返贫率，政府在制定政策时需充分考量社会因素。关于教育、医疗、就业、社会保障的公共服务政策要充分发挥其减贫维稳作用。公共服务在精准扶贫过程中起着不可替代的作用。为了保证扶贫成果的可持续性，政府应统一协调各项政策的扶贫效果，建立一体化的综合扶贫体系，未来将扶贫力量集中在贫困地区人力资源的培育上，增强当地的抗风险打击实力。贫困地区对公共服务产品的需求常常被忽略，对这方面的诉求应有高效的上传机制，保证供求平衡，避免公共服务设施空置、浪费。

农村公共服务与公共设施是基层服务体系的重要组成部分，对村民生活能够产生较大影响。公共服务与公共设施的分配方式与发展水平决定其职能的发挥。合理安排下的公共服务设施能够"润物细无声"地帮助提高农村整体生活质量。建设新农村离不开完善农村公共服务设施。公共服务和基础设施的完善较大程度上依赖于本地资金的支持，与经济发展水平挂钩。落后地区特别是农村地区的公共服务水平较低，无法真正发挥其该有的作用。目前农村公共服务体系存在许多问题值得关注，这些是制约落后地区进一步发展的关键所在。

第一，当下最突出的一点是基础服务设施供给不足。落后地区因为设施匮乏无法满足人们公共生活的需求，所以那些有限的公共设施无人问津，成为应付检查的摆设。[1]基础服务设施质量不过关还影响当地的农业发展。例如农村水利设施的落后直接造成两方面的影响，一是阻碍当地农业技术发展，只能靠天吃饭；二是村民饮水困难，生活用水水量不足，取水不便，饮用水质量堪忧。[2]

第二，公共服务的投入不足、方式单一。地方财政投资是农村公共服务建设的主力军，农村公共服务的发展依靠地方财政收入，有了经济支撑，下属村落的农业公共服务设施也会加快建设步伐。

第三，基层公共服务未把农民作为服务主体考虑。图书室、卫生室是农村地区最先建立起来的基础服务设施，留村的多为老人孩子，没有参与公共生活的习惯，因此公共服务设施的闲置率较高。[3]正因为使用率低，基层政府常常忽视对公共设施的维护，以至于到后期废置弃用。这种自上而下的宏观配置没有考虑到农民的实际需求，造成了资源的浪费而违背了初衷。

第四，公共服务设施配套体系不成熟，公共服务分布不均，用地供给不足。[4]村里面很少会划拨公共服务专业

精准扶贫精准脱贫百村调研·百豪村卷

128

---

[1] 马秋茜：《完善河北省农村公共文化服务设施的路径选择》，《河北学刊》2013年第1期。

[2] 魏涛：《论新农村公共服务设施的多中心供给模式》，《攀登》2007年第1期。

[3] 张明艳、田卫民、孙晓飞：《农村社区公共服务设施建设：问题与对策》，《理论与改革》2013年第4期。

[4] 于静、蔡文婷：《农村公共服务设施建设现状及规划对策》，《山西建筑》2012年第9期。

用地，一般只把村委会的多余空间作为活动室备用。

　　针对现存问题，学者们也提出了各种解决方案。农村公共设施资金短缺，投入方式单一，相应需拓宽投资渠道。除了地方财政投入，还要充分利用民间力量。例如，引导村集体、社会团体和个人力量对公共设施进行投资。[①]同时明确政府在公共服务建设过程中的主导地位，地方财政应继续加大公共服务与公共设施的建设投入。像水、电这种生活基础设施初期投入大，团体和个人很难负担。但在村集体产业有能力的情况下，可以置办健身器材、棋牌活动室一类的文娱设施实现自给自足。[②]还要培养农民主动承担建设公共服务的责任意识，真正成为农村公共服务的主体。[③]

第二节　百豪村公共服务与基础设施发展情况

　　多年扶贫工作为贫困人口解决了最基本的吃饱穿暖等生存问题。在政策和资金的双重帮扶下，绝对贫困问题已经不再威胁村民的生活。但是随着社会经济的进一步

---

① 郭伟、曹琳剑:《拓宽我国新农村公共服务设施建设融资途径之我见》,《现代财经（天津财经大学学报）》2009 年第 10 期。

② 李燕凌、李立清:《农村公共品供给对农民消费支出的影响》,《四川大学学报》（哲学社会科学版）2005 年第 5 期。

③ 罗震东、韦江绿、张京祥:《城乡基本公共服务设施均等化发展特征分析——基于常州市的调查》,《城市发展研究》2010 年第 12 期。

发展，不管是物质方面还是精神方面村民都开始追求更高层次的生活水平。公共服务设施的配备直接关系到群众的生活质量。水、电、路、网等各方面都与日常生活息息相关。当地是否能提供满足人民需求的公共服务与设施是考量这一维度是否存在剥夺情况的重要指标。

发达地区与落后地区的差距越来越大，逐渐凸显的相对贫困才是破坏社会稳定的争端制造机。发达地区的公共服务设施配套齐全，人们把自来水、暖气、电力都视作理所当然的生活必需品。但在偏远落后地区，可能还没有通电通路，手机没有信号，踩着泥泞的道路下山挑水常常是一天的开始。公共服务与设施资源在地区间分布不均衡加重了相对贫困的严重程度。那片贫瘠的土地需要国家、社会的关注与帮助。

一 百豪村公共设施近五年的建设成果

公共基础设施方面，百豪村近五年来有了较大发展。原先的土路泥路在 2015 年重修之后成为一条完整的硬化进村公路，2015 年财政拨款修好公路，百豪村民的出村问题才得到初步解决，这里包括进村道路和村内通组道路。进村道路全为硬化水泥路，宽 4.5 米，全长 12.4 公里，每公里造价 4500 元，共花费 55800 元。村内通组道路同宽 4.5 米，长 13 公里，还有 1 公里尚未完成道路硬化。全村都没有路灯，夜晚出行照明靠手电筒，大部分村民都养成了日出而作日落而息的习惯。但是由于百豪村呈长方形分布，各个屯散落在各个山头，屯与屯之间的道路还没有完全修缮好，村中内部交流依然不便利、不顺畅。

百豪村的电网设施建设造福了一方百姓。电网改造之后，家家户户都通了电，解决了最基本的生活需求。2016年村中供电网络基本建成，除了个别住在山沟里的村户存在用电问题，其余家庭都通了电。一般村户都配有老旧的电视和电灯，条件较好的村户家中还会装有冰箱洗衣机。村里刚开始全面通电，村民们注意不到日常生活中的用电安全隐患。家中这些设备的电线都裸露在外面，没有任何安全防范措施。村中用电收费为每度 0.57 元，能够被当地村民所接受。在走访过程中，调查员注意到全面通电后的村庄傍晚后依然是一片漆黑，在第一天做访谈时，天黑后户主选择打手电照明而不是开灯。这可能与村民的生活习惯以及想节省电费有关。

交通条件的改善方便了村民的生活。尤其是对想就近外出务工的村民来说，不管是外出务工还是回家探亲照料农田都便利了许多。有条件的村民多备有摩托车或者小型面包车，其中摩托车是村民出行的主要交通方式，一般年轻人家里都会想办法买一辆摩托车，没有条件的村民则搭乘亲朋的摩托车出行。比起泥泞的山路，平整的硬化道路成了百豪村与外面世界沟通的桥梁。

除了通路通电，危房改造工程解决了村民住房问题。非建档立卡户补助 15800 元，建档户补助 24500 元作为修缮房屋的启动资金。户均宅基地面积为 60 平方米，村民纷纷在原住房基础上盖起了两层小楼，楼房所占比例高达

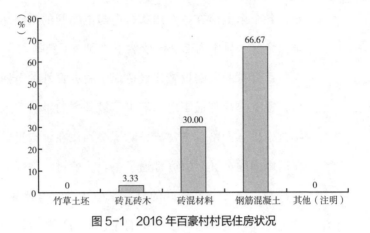

图 5-1　2016 年百豪村村民住房状况

97%，剩下待改造危房 25 户，其中竹草土坯房 3 户。因为
村里没有外来户，所以不存在租房的情况。这项工程后的
百豪村几乎没有危房存在，剩下的老房子几乎都只作为厨
房使用。

入户问卷的调查结果也证实了这一点，所有被访者家
中的建房材料均为砖瓦或是钢筋混凝土。危房改造工程几
乎消灭了住房维度存在的被剥夺现象。

通信设施方面，百豪村这方面的建设比较落后，村中
信息化程度非常低。目前村中没有有线广播、有线电视、
有线网络或是无线网。村中卫星电视用户达到 680 户，占
有率达到 93.28%，仍有 29 户没有电视。村中共有 1850
人使用智能手机，占有率达到 62.02%，手机信号覆盖率
达到 100%，基本通信问题得到解决。全村没有一台电脑，
村委会办公依靠人工记录，没有电子版资料。

2015 年精准扶贫后，村里的基建工程解决了村民用电
难、出行难两大问题，危房改建工程让每一户村民有了遮

风避雨的安逸小窝。偏远的小山村在精准扶贫的帮扶政策下初步实现了现代化。一方面要肯定百豪村在公共服务设施上取得的进步，另一方面也要正视仍困扰当地村民的公共服务不健全的问题。

二 百豪村教育卫生医疗现状

百豪村卫生室于 2015 年 3 月 1 日完工，共 15 平方米，配有一名医生（没有行医资格证），设在建成还未使用的村委会中。村里没有独立药店，卫生室投入使用后村民可前去按处方开药。因此，目前百豪村不具备就医条件。村民感冒发烧一般就自己扛着，扛不过去才去 6 公里之外的乡镇医院。

基础教育方面，百豪村中有 754 名村民文化程度为文盲半文盲，占总人口数 25.28%，共有 356 名适龄儿童，占总人口数 11.93%。村中设有一所小学，不包括学前班和幼儿园。村小学共有在校生 58 人，公办教师 8 名，全是大专学历。村小学于 1912 年建成，共 800 平方米。在乡镇小学就读的共有 207 人，住校生 50 人。剩下的儿童都前往办学条件更好的乡镇小学就读。小学阶段没有失学辍学的情况出现。村里没有初中，有 10 人在乡镇中学就读，有 138 人在县城中学读书。也没有学生失学辍学的现象出现。这从侧面证明了基础教育的强制普及是提高落后地区文化水平的有力手段。百豪村中基础教育阶段女生比例接近 50%（22/58、62/138），可见当地对女孩子的基础教育问题同样予以重视。目前只要是在九年义务教育阶段，财政上免除学杂费，并且所有学生都有免费的营养早午餐。进一步减少贫困家庭的教育负担。

村中老一辈农民受人力资本的限制，即使外出打工也只能选择技术含量较低的建筑工或者木工。外出务工的不易使他们意识到对下一代教育的重要性，父母纷纷加大了对子女教育的投入。村里的办学条件简陋，教学水平较低，因此去镇上或县里的学校读书是首选。在外打工多年有一定经济基础的村民还会举家搬迁，直接让孩子在城市里接受质量更高的基础教育。教育是促进社会进步、经济繁荣的巨大力量。搞好义务教育，对于提高中国国民素质，促进社会主义物质文明和精神文明建设，具有重要的战略意义。大力发展义务教育，是加快现代化进程，缩小与发达国家差距的根本措施。

第三节　百豪村公共服务与基础设施

百豪村属于典型的石漠化包围地区。村民居住分散，自然条件差、交通不便、通信不畅、饮水设施简陋、公共服务不到位等外在致贫因素影响极其严重。新中国成立68年以来，政府从成立初期的救济式扶贫到后来的开发式扶贫到现在的精准扶贫，不断对扶贫方式进行探索，之前基层政府的扶贫工作只是挂在嘴上，实际效果一般，出现了扶贫投入不足、瞄准有偏差，有些领导重视扶贫中漂亮的政绩，忽视贫困人口实际需求的问题。像百豪村这种深度贫困地区的基础设施建设投入明显不够，该村的村级道路在 2015 年底才完成水泥硬化工作，各屯的入屯道路到 2017 年才有可能完成硬化任务，且连接屯与屯之间的道路大部分未开挖路基。部分屯没有彻底解决饮水难题。手机信号基本覆盖，但仍然存在部分村屯信号不稳、时断时续，村民日常通信不佳的情况。

从区域扶贫来说，东兰县、巴马县、凤山县处于滇黔桂石漠化地区，在 2004 年完成基础设施大会战，基本解决三县的公共服务需要。其他基础设施仍然需要政府大力注入资金。之前政府在脱贫工作中对这些地方关注不够、欠账太多，这些历史遗留任务是精准扶贫时期的一大挑战。

一　出行难问题未得到完全解决

通村硬化道路的建设极大地方便了村民的出行，但是因为地理位置的制约，开车进村需要较高的技巧，不熟悉地形的司机是开不进村子的。几处角度较大的转弯着实让乘车人胆战心惊。从村民的角度来看，没有交通工具成了致富道路上的拦路虎。"条件不允许，我们个个都没有车。老人没有车，年轻人也没有。我们所种的菜都是肩挑去东兰卖，11 点钟到东兰，人家都下班了。人家都是早班、晚班。我们是中班，到那里他们都下班了。收拾东西都回家了，他们不来买菜啊。"村民用自己去县城卖菜的例子表述百豪村交通不便带来的困境。

图 5-1　前往村民家的路上
（黄婉婷拍摄，2017 年 4 月）

自己挑菜下山时间成本高，坐车下山金钱成本高。假如坐车去东兰，"坐车来回都要 20 块钱了，40 块钱以下的东西都没有办法拿去卖，因为我们坐车要 20 块，吃粉要 20 块，都不剩钱的了"。即使道路条件有了较大的改善，出行对百豪村村民来说依然是一个不小的挑战。交通设施的落后阻断了百豪村与外部市场的交流，成为阻碍村庄与村民自身发展的重要因素之一。当地的作物卖不出，外地的技术进不来，长期形成了恶性循环，不利于百豪村整体发展，也让村民的致富梦成为泡影。

村民们把村里的蔬菜挑下山卖是赔本买卖，除去路费和午餐钱根本赚不到什么钱。这样看,道路的改善对于少量个体户农产品的外销并没有太大帮助。真正困扰农民的反而是交通工具的匮乏,有了好路却还是出不了大山。如果百豪村有一定经济基础,以村集体的名义买一辆面包车,每天准点运送村民上下山,在当地人能够承担的范围内合理收费,这样或许可以解决村民的出行难题。

二 百豪村用水难问题突出

目前村中建有60处蓄水池,外形是圆柱体,其主要功能就是储存雨水,一般经过简单处理就直接使用。据村干部估计,全村用水中有2.7%是江河湖泊水,剩下97.3%都是蓄水池的雨水,并把这部分用水归到受保护的井水或者泉水中。

百豪村是典型的喀斯特地貌,地形条件的限制使水井基本与村民无缘。山下的水引不上来,村民用水只能靠天。自来水入户方案不具备可行性,因为村落所在的地方海拔较高,并且所处的山是石山,自来水入户存在技术困难,而要解决这一技术障碍,需要花费大量资金,财政拨款远远无法满足该方案的资金需求。冬季是百豪最缺水的季节,这3~4个月里降水非常少,用水量大的水田无一例外全部得停下,这也解释了为什么百豪村气候温暖湿润,却只能种两季水稻。一位村干部说:"现在我们每家每户都建有水柜、水池。120立方米、60立方米的都有水啊!到村屯里面，有的屯是山区的，还有是土坡的，这个屯有四个队，每个队都有大水池。到枯水期的时候，大水池有些时候也有断水的。不得随便用啊，我那个同学，他现在都还在挑水，因为他那个水源没来。"在这种极度缺水的情况下，谈何脱贫呢？

缺水只是其一，饮用水源不卫生是背后更大的隐患。有的村民会把雨水简单消毒过滤后使用，有的则直接拿来做生活用水。目前，村民们逐渐意识到饮水不安全对健康的危害，村里面初步采取了修水窖的方式来收集雨水，并添加了明矾做进一步处理，有需要的农民可以自行来提取。部分农户家已经实现管道入户，这是一大进步。如果能够实现管道覆盖全部村户，那么最基本的用水安全问题就可以得到解决。除此之外，村民饮用水中含氟量过

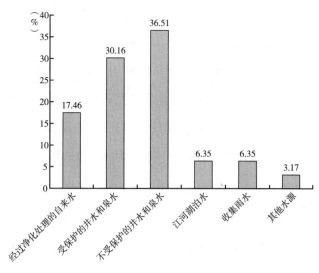

图5-2　2016年百豪村主要饮用水来源

高。医学上已经证明人们长期饮用含氟量高的水会损害牙齿和骨骼，严重的可以引起氟骨症。百豪村民牙齿普遍有问题。

抽样问卷结果同样佐证了饮用水源不卫生这一事实。48%左右的村民使用的是受保护的水源，剩下52%的村民使用的水源是不受保护的（需要注意的是，由于选项具有误导性，村民会把管道供水误认为是自来水，实际上整个村子并未通自来水）。

三 生活废物的处理破坏自然环境

百豪村山上种着大片生态林，绿树环绕，环境十分优美。新时代的发展是与自然和谐共处的发展，新时代的扶贫是与当地环境相适应的生态扶贫。退耕还林项目满足了这一要求，同时也给村民们带来了生态林补贴。但村中还是存在一些污染问题值得关注，其中村民反映最多的就是垃圾焚烧问题。村里要求把生活垃圾倒在垃圾池中，垃圾池满后统一焚烧。这种处理方式是当地环境污染主要源头之一。首先，尽管村内有4处垃圾池，但仍有30%左右的村民会图方便直接把垃圾倾倒在路边。雨水充沛的季节，垃圾不仅污染了水源，还会被冲走污染农田。其次，集中焚烧垃圾的处理方式造成了当地的空气污染。住在垃圾池附近的村民平时就要忍受垃圾的恶臭，焚烧带来的有毒气体则会直接造成村民生理上的不适。这直接导致附近的村民常年不开窗户，给生活带来了极大的不便。村中虽然承诺安置但目前还没有看到效果。垃圾处置问题仍待解决。

用电、用水、垃圾处理都是和村民日常生活直接相关的几个方面,也是困扰村民的主要问题。百豪村水电设施、垃圾处理设施并不完善,不解决这些与生活直接相关的问题,村民的生活质量得不到实质改善。

村民陆华在访谈中向我们吐露了村中环境对生活的影响。虽然居住条件改善了很多,但依然有生活问题没有解决。首先是用水问题。陆华说本地没有干净的饮用水源,只能靠下雨天蓄水或者喝山上的泉水。但是住在上面的人家常常会把垃圾直接倒在路边不闻不问,一下雨全部冲到下面来,污染了重要的饮用水源。其次是垃圾处理问题。村里没有垃圾处理的好方法,要么集中焚烧要么自己焚烧,污染当地空气。

问卷调查结果侧面证实了生活污水垃圾的污染确实存在。生活污水处理方面,管道排放的家庭占12.7%,排放到家里渗井的占12.7%,院外沟渠排放占46.03%,随意排放的占26.98%。对环境几乎不造成影响的管道排放比例较低,而可能会污染环境、对他人生活造成影响的院外沟渠排放和随意排放两项综合比例高达73%。

生活垃圾处理方面,送到垃圾池的家庭占27.42%,定点堆放的占33.87%,随意丢弃占25.81%,其他处理方式占12.9%。不管是定点堆放还是送到垃圾池,最终都是就近焚烧处理,焚烧废气直接飘到附近农家影响其日常生活。

由此可见,一方面百豪村缺乏处理生活污染物的基

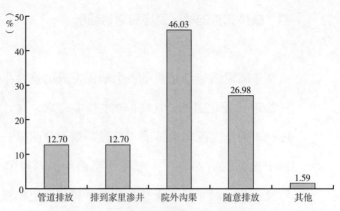

图 5-3　2016 年百豪村生活污水处理方式

本公共设施，垃圾乱倒、污水乱排时有发生。另一方面，当地居民没有保护周边生态环境的意识，缺乏爱护环境的主观能动性，所以意识不到这些行为对环境潜移默化的影响。因此在完善公共服务设施体系的同时，当地政府要注重宣传保护环境的重要性，做到绿色发展、可持续发展。

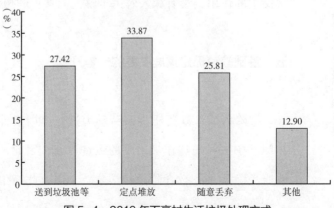

图 5-4　2016 年百豪村生活垃圾处理方式

四 缺少完善的社区设施和活动场所

基础设施建设是衡量一个地区发展的重要指标。百豪村的进村硬化道路 2017 年初才基本完成，共计 13 公里，还有 1 公里路况很差，乘车经过颠簸十分明显。此外整个村子里都没有路灯，一般不熟悉路线的司机基本上不敢贸然进村。村里没有无线广播，手机信号也很微弱。截至 2017 年 4 月底，村中依然有 27 户没有电视，25 户人家没有手机也没有电脑，取得联系只能靠村干部登门拜访。村中只有一个卫生室，缺乏有行医资格证的医生。离村最近的医院有 6 公里路程。百豪村中基础设施建设属于刚刚起步阶段，在努力完成 2020 年摘帽的目标同时也应该抓起村中的基建工作，为村民建设一个便利、舒适的居住环境。

村中目前只有一个图书室和一个篮球场。由于村民文化水平普遍不高，图书室一直空闲。平时又都只有老人在家，篮球场也一直无人问津。可以说既浪费了资源也没有满足村民真正的需求，只是流于表面功夫，并没有发挥基层民主的作用，没有深入农民了解他们真正的想法。

五 基础教育仍是家庭主要的一笔开支

排除疾病、缺乏土地和劳动力这三个因素外，教育在户问卷中被村民选作最主要的致贫原因。因此，虽然时下政府免除了义务教育阶段的学杂费，但由此衍生的费用才是教育花销的主体。百豪村大部分为多子女家庭。要想保障孩子们的教育，家庭必定要承受一大笔相关支出。

贫困户陆华认为主要是因为三个孩子都在上学，开销大，所以迟迟没办法脱贫。虽然义务教育阶段免除了学杂费并且有公益组织提供营养午餐，但是交通费住宿费算起来还是一笔不小的花销，仅租房一项一年就需要7000~8000元。虽然陆华可以让孩子就近直接在村子里读小学，但是为了给孩子们更好的教育还是都安置在县城里。他认为"自己就吃了没文化的亏，不能让孩子也这样"。

教育阶段的花费不仅是直接用于教育的支出，还有与教育密切相关的其他费用。如陆华所述，义务教育阶段如学费与午餐这样直接的教育费用，其实政府都是免费的，并不存在基本费用的困难，但是为了能得到更好的教育，超出的基本费用之外的开销确实让人头疼。他需要用更好的教育让孩子摆脱贫困，那么投入就会更多。因为害怕村里小学的教育水平不够高，害怕孩子在接受初级教育时就"输在起跑线"，无法摆脱贫困阶层，因此选择去更好的县城学校读书，代价就是更高的支出，交通、房租等都是巨大的开支。就他个人而言，由于文化水平低脱贫致富难度较大。为了让下一代摆脱贫困，他必须承担起这一责任，否则就会有家庭贫困代际传递的风险。并且优质的教育资源基本集中在发达地区，当提供的公共教育服务水平不均衡时，贫困户想通过教育改变人生的难度大大增加。

第四节　改善公共服务水平的对策建议

从总体情况来看，一方面百豪村公共服务设施建设成果良好，改善了村民出行难通电难的问题，危房改造工程的实施让每一户村民都拥有遮风避雨的坚固房屋；另一方面关系民生的水电问题未能妥善处理。村民实际上依然是看天用水，枯水期喝水都得精打细算，洗澡成了一种奢侈。因此要继续加大扶贫资金投入，促进贫困村基础设施建设，以满足村民需求为工作目标，解决村民遇到的生活难题，切实帮助当地村民摆脱贫困。

一　继续加大对基层公共服务设施的投入力度，改善百豪村村民的生活环境

中国农村的大部分地区，包括较富裕的村庄，公共基础设施都很难齐全。贫困村庄基本的卫生条件更是无法保障。公共服务，包括就业、医疗、卫生、教育、安全、基本民生服务、公共设施建设服务等，是衡量人们生活质量和当地发展水平的重要标准之一。公共基础服务已被认为是当地经济实现可持续发展的基本条件，如果一个地区连最基本的交通通信都成问题，那么其发展也一定受到很大局限。所以国家应加大对重点扶贫地区的公共服务建设投资，当地政府应为当地居民提供与时代发展水平相协调的公共服务产品。这是日后招商引资，让特色商品、文化产品走出去的前

提保证。帮助贫困地区缩小与发达地区的公共服务水平差异，实现公共服务的均等化，扩大公共服务受益的群众范围。如果无法提高当地基本民生服务水平，改善基础设施建设，那么势必会波及精准扶贫的工作，影响其成果的可持续性。

2015年、2016年是百豪村发展史上非常重要的两年。得益于精准扶贫政策的推广，这两年中上级政府组织修建了共13公里进村公路，村中硬化道路宽4.5米，长12.4公里。修建了60个水窖，设立了配有会议室的村办公场所。为学校配备了320平方米的宿舍楼。村中还建成了图书室，建有卫生室并配有一名医生。此外，村中的手机信号覆盖范围达到了100%，每家每户都用上了电。截至今日，百豪村在精准扶贫资金的支持下，基础设施较以前有了较大改善，但依然是落后水平。并且百豪村在提供公共服务方面是完全空白的状态，这是因为其发展落后，缺少提供必要服务的能力。以卫生室的设置为例，百豪仅有一名医生，且卫生室离村子有大约6公里脚程，所以大多数村民都选择下山去县城里的医院看病。留存的老人居多，一旦生病，如果子女在身边就乘坐他们的摩托车去镇子上，如果子女外出打工，就选择自己扛过去。卫生室形同虚设。

基础设施方面，百豪村虽然修建了水窖蓄水储水，解决了村民在旱季用水的困难，但水源安全的问题依然是威胁当地人健康状况的一大因素。因为地形复杂、缺少资金，百豪村至今没有通自来水，管道入户也没有实现全覆盖。村民们知道自己的饮用水源不卫生，且水中含氟量高，但是全村通自来水的成本高昂，村集体无法负担。因此，政府应该继续加大对百豪的精准扶贫资金和政策支持，为村民争取用水优惠，争取让每一村户都能够实现管道供水，让老百姓用上放心的水源。

二 公共服务设施建设应以村民为主体，切实提高村民生活水平

农村建设应以农民为本，公共服务体系建设也不例外。百豪村村民才是公共服务设施的体验者和"检察官"。农村公共设施建设的目的是改善农村生活条件，提供符合村民诉求的生活服务。因此，坚持农民在公共服务与设施供给中的主人公地位具有重要意义。

第一，抓紧完善基础设施项目。水电路网是最重要的基础设施。百豪村的基础设施建设在加大投入的同时要分清轻重缓急。当地看天用水，水窖远不足以供应全村的用水。管道用水覆盖面窄，部分村民仍在使用不清洁的饮用水源。百豪村必须重视饮水公共设施的建设，避免不清洁不卫生的水源持续对村民健康造成伤害。政府不应该盲目地为下属地区安排公共设施，这种自上而下的工作方式无法满足村民最迫切的需要。第二，积极培育村民的主人翁意识，鼓励他们积极参与到公共服务的建设中来，实现公共服务供给的共建共享。具体来看，公共服务与设施的建设需要逐渐实现政府主导向农民主导的转变。第三，要进一步发展壮大村集体经济实力，提高村庄自我管理自我服务的

能力；要把公共服务设施建设当作自己的事，摆脱对外部援助的依赖，宣传公共服务体系对发展脱贫的益处，动员村民参与到整个体系的设计中来；要注重村民的需求表达和偏好分布，[①]减少上传下达的障碍。公共服务设施资源按需分配，合理安排供给，降低公共资源废置率。同时重视对服务满意度的社会调查工作，及时了解农民的想法，倾听百姓的心声，真正从农民的角度出发使他们从中获益。

三　加大教育投资　扩大非农就业比例，警惕代际传递问题

扶贫工作还要重视贫困代际传递问题。中国的代际贫困传递问题比较严重，特别是在落后的农村地区。由于父辈贫困，无法负担子辈的教育费用，孩子们只能干农活或者是从事技术性很低的行业。即使脱离了贫困，他们的收入线也在贫困线上下浮动，且这种趋势越来越明显。从绝对贫困角度来看，从事非农业工作的子辈收入较父辈有一定程度的改善，暂时脱离了贫困；但从相对贫困的角度来看，大部分贫困家庭出身的子女并没有完成社会收入及地位的实质性提升。受教育程度是衡量人力资本高低的一个主要标准，缺乏对教育的投资是贫困的一个主要动因。

近年来，大部分百豪村村民对教育的重视程度逐渐增加，不再让孩子早早地下地干活或者外出打工。在走访及问卷调查过程中，我们发现无论是贫困户还是非贫困户，

---

① 曹海林、任贵州：《农村基层公共服务设施共建共享何以可能》，《南京农业大学学报》（社会科学版）2017 年第 1 期。

户主教育程度都是小学居多。没有外出打工、仅靠务农或是打零工的村民一般收入都很低，外出到城市里打工的村民收入较高，在危房项目改造之前就有财力盖起三层楼房。可见，从事非农性工作也是贫困人口摆脱贫困代际传递的有效途径之一。加大对人力资本的投资，外出打工增加多元化收入，警惕贫困代际传递现象的出现。特别是像百豪村这样的落后地区，子辈的教育需要足够的重视，当地应鼓励多层次非农业就业，并结合村民实际需求开展相关技术培训。

同时，在制定宏观扶贫政策时，应注意到收入差距带来的相对贫困问题，重视贫困家庭非农业就业问题和教育问题。贫困地区人口的劳动成果通常很难进入市场循环，收入差距由此扩大。扶贫政策可为贫困户提供非农就业机会，帮助贫困户提高在市场经济中的地位，进而提高收入，缩小收入差距。同时，联合各地就业部门为贫困户提供就业培训机会，提高贫困户自身技术水平。

百豪村应针对留村劳动力开展养殖技术培训。由于可用耕地很少，发展养殖业是为数不多的可行选择之一。但要注意养殖品种的选择和销路的问题。这样一来，家里有老人小孩不便外出打工的青壮年劳动力可以在养殖场工作，增加劳动收入。村民们有了额外的经济收入，至少有能力保证子辈的基础教育，阻断贫困代际传递。

第六章

精准扶贫中的福利依赖

2015 年国务院提出精准扶贫和精准脱贫的基本要求与主要途径是"六个精准"和"五个一批"。总的来说就是锁定目前 7000 多万农村贫困人口，建档立卡，分类施策，不留锅底。2017 年十九大报告对中国的扶贫工作提出了目标，即重点攻克深度贫困地区脱贫任务，确保到 2020 年中国现行标准下农村贫困人口实现脱贫，贫困县全部摘帽，解决区域性整体贫困，做到脱真贫、真脱贫，对中国的扶贫脱贫指明了任务、规定了内容、限定了时间。这些都可以看出中央对脱贫工作的重视和决心。

　　目前的扶贫政策广泛、深入，目标明确，政策制定从财政、社会制度、产业发展等方方面面精准到位。不难看出制定这一系列的政策背后暗含的假设是贫困是社会和经济发展中的一切外在原因导致的，所以我们可以通过不断完善制度和政策来改变贫困。然而事实上，造成贫困的原因不仅仅是外在的制度因素或政策，如贫困人口缺乏市场机会、失业、种族歧视、社会转型等，理论上通常称为对贫困形成原因的结构性解释，同时还有贫困人口已经习惯被扶助的内在因素，即个人的动机、生活态度、行为特征和心理群像等，理论上通常被称为贫困形成的文化性解释。往往文化性解释对贫困形成的影响更漫长、更深入。[①]

目前在中国 2020 年贫困人口全部脱贫的迫切愿望下，除了从制度、管理等外在因素上大力加强扶贫力度，对贫困人口自身行为和心理造成的福利依赖进行分析也是重要和必要的，贫困人口对福利的依赖可能会阻碍扶贫工作的顺利实施，从而影响脱贫目标的顺利实现。

第一节　何谓福利依赖

福利依赖可以说是与福利制度始终共存的现象。从英国最早的救助贫困的法规《济贫法》开始，就存在防止福利制度带来的福利依赖出现的措施。《济贫法》规定救助无工作能力的老病残障者和失去依靠的儿童，而对于有

[①]　周怡：《贫困问题研究——结构解释与文化解释的对垒》，《社会学研究》2002 年第 3 期。

劳动能力的贫困者则不予救助，通过强制其做工自给表达出脱离贫困的自身责任。二战之后，代表福利国家制度形成的《贝弗里奇报告》里，也充满了对福利制度出现而产生福利依赖风险的防范，比如享受失业保险待遇的前提是"要到指定的工作场所或培训中心参加工作或者接受培训"，[①] 意味着即使在普遍保障的制度下，受助者仍然需要明确自己脱离救济的责任。

而对福利依赖的理论研究则被认为是发源于自由主义的美国，[②] 美国的价值取向是受助者接受了福利就是停止了自我努力，基于这样的认知，美国福利制度中对受助者的资格审查很严格。20世纪30年代美国的儿童津贴项目的实施结果为福利依赖研究提供了素材，乔治·吉尔德[③] 和米德[④] 等人研究发现抚养未成年子女的失业家长不仅分享子女的福利，而且不愿参与就业，只依靠救助金而惰于工作，单亲妈妈宁肯申请救助也不愿意从事低薪工作。吉尔德[⑤] 和查理·莫里[⑥] 等人认为公共救助项目中的转移支付与受助者之间的责任脱钩，降低了受助者的工作意愿，长此以往，会导致自力更生的动机丧失，越来越难以摆脱福

① 〔英〕贝弗里奇：《贝弗里奇报告——社会保险和相关事务》，劳动和社会保障部社会保险研究所译，中国劳动社会保障出版社，2008。

② B. O'Connor, "The Intellectual Origins of Welfare Dependency," *Australian Journal of Social Issues* 36, 3 (2001).

③ G. Gilder, *Wealth and Poverty* (New York：Basic Books, 1981).

④ Lawrence Mead, "The Logic of Workfare：The Underclass and Work Policy," *The Annals of the American Academy of Political and Social Science* 501(1989).

⑤ Lawrence Mead, "The Logic of Workfare：The Underclass and Work Policy," *The Annals of the American Academy of Political and Social Science* 501(1989).

⑥ C. Murray, *Losing Ground：American Social Policy 1950–1980* (New York：Basic Books, 1984).

利制度，最终形成"福利依赖"。因此，福利待遇应该低于工作收入，自由市场应该是一个公正的仲裁者，给贫困者福利不如让他们工作。

总体来看，对福利依赖的解释有三个理论：依赖文化理论、制度危机理论和后工业社会新风险理论。[1] 依赖文化理论认为受助者群体依赖福利的行为有文化上的驱动原因，受助者具有懒散、怠惰的生活习性和较低的自尊，不思进取，其自治、责任等一系列价值观被扭曲，形成了依赖文化，[2] 依赖文化为一种亚文化，它暗示穷人的文化天生如此。制度危机理论认为福利制度本身催生了福利依赖，福利制度没有做到奖勤罚懒，甚至本末倒置，那么就会有越来越多的人选择依赖福利。[3] 后工业社会新风险理论认为在后工业化时期，由于劳动力市场环境和就业机构及技术更新，越来越多的劳动者无法适应劳动力市场，只能接受救助。[4] 制度危机理论和后工业社会新风险理论都认为福利依赖是制度、结构等外部因素导致的，而依赖文化理论则倾向于将福利依赖归因于个人品质、思维方式、行为惯性等。事实上，依赖行为的出现是多种因素共同作用的结果，往往是个人与社会的互构共变形成的。[5] 具体来说，

① 刘璐婵、林闽刚：《"福利依赖"：典型与非典型的理论透视》，《社会政策研究》2017年第2期。

② Peter Saunders, "Only 18%? Why ACOSS Is Wrong to Be Complacent about Welfare Dependency," *Issue Analysis* 51 (2004).

③ Frank Field, "Making Welfare Work: The Underlying Principles," In A. Deacon (ed.). *Stakeholder Welfare* (London: Institute of Economic Affairs, 1996).

④ 〔丹麦〕埃斯平·安德森：《转型中的福利国家：全球经济中的国家调整》，杨刚译，商务印书馆，2010。

⑤ 郑杭生、李棉管：《中国扶贫历程中的个人与社会——社会互构论的诠释理路》，《教学与研究》2009年第6期。

工资不足和无工资、失业以及青少年时期的不利因素^①都
可能会使人成为福利依赖者。人口密度、社区结构、物质
滥用、酒精和药物上瘾、就业市场、家庭结构、失业时
间、移民和生育等因素与福利依赖的关系成为福利依赖实
证研究的内容。

在研究福利依赖的同时，也相应产生了反福利依赖的
思想，对领取福利者附加了许多限制条件，来强调家庭改
变自身贫困状况的责任，如规定受助家庭的孩子加收教育
出勤天数要达到一定比例，对最低成绩做出规定，家庭必
须接受定期体检等，在设计扶助制度时也非常注重福利对
劳动参与的影响，避免因为享受到扶助措施，而减少了劳
动参与。^②福利制度从"资格机制"改为"工作优先"，就
是对福利领取采取时间限制，并强制提出工作要求，^③工作
福利（workfare）也是防止福利依赖的积极有效的福利制
度。

福利依赖从形式上看有多种类型，比如直观的福利依
赖^④、福利领取的代际传递^⑤、福利欺诈^⑥和福利持续时间

① J.Kaplan, "Prevention of Welfare Dependency:An Overview," *Issue Notes* 20, 5 (2001).

② 房连泉：《国际扶贫中的退出机制——有条件现金转移支付计划在发展中国家的实践》，《国际经济评论》2016 年第 6 期。

③ M. Ybarra, "Should I Stay or Should I Go? Why Applicants Leave the Extended Welfare Application Process," *Journal of Sociology and Social Welfare* 38, 1(2011).

④ C. Saraceno, *Social Assistance Dynamics in Europe：National and Local Poverty Regimes* (Bristol,UK：Policy Press, 2002).

⑤ N.J.Y. Beaulieu, B. Fortin Duclos and M. Rouleau, "Intergenerational Reliance on Social Assistance：Evidence from Canada," *Journal of Population Economics* 18, 3 (2005).

⑥ M. Hill, *Social Polly in the Modem World：A Comparative Text* (Oxford：Blackwell Publishing, 2006).

过长^{①②}等。正是因为形式的多样性，有时对是否福利依
赖行为不能给以清楚的判断。中国关于福利依赖的研究首
先的一个争议问题就是中国是否存在福利依赖？同样是
对城市低保户的研究，对中国目前是否存在福利依赖就
有两种不同的结论。韩克庆、郭瑜^③通过对城市低保户受
助者工作决策的影响因素分析发现，低保金发挥着救助
的作用，而受助者也有着强烈的就业意愿和改善生活的
愿望，因此目前中国的城市低保制度还不存在"福利依
赖"效应。然而刘璐婵、林闽刚^④认为低保者虽然有强烈
的就业和求职意愿，但是由于个人生命历程和社会的新风
险的改变，中国的低保者依赖在福利制度中持续很长时
间，中国存在福利依赖，只是福利依赖的表现形式与西
方福利国家存在差异，如果将西方福利国家的福利依赖
看作一种典型性依赖，那么中国的福利依赖应是一种非
典型性的福利依赖。两种不同观点为我们在农村精准扶
贫问题研究中提出了一个值得讨论的话题：农村的精准
扶贫中是否存在对扶贫政策依赖的现象？其表现特征是
什么？

　　对福利依赖的理解离不开"福利污名化"。贫困不仅
仅是缺衣少食，它反映的还是这些贫困人员无法实现其基

①　L. Ayala, M. Rodriguez, "What Determines Exit from Social Assistance in Spain?" *International Journal of Social Welfare* 16, 2（2007）.

②　M. Cooke, "A Welfare Trap? The Duration and Dynamics of Social Assistance Use among Lone Mothers in Canada," *Canadian Review of Sociology* 46, 3（2009）.

③　韩克庆、郭瑜:《"福利依赖"是否存在——中国城市低保制度的一个实证研究》,《社会学研究》2012 年第 2 期。

④　刘璐婵、林闽刚:《"福利依赖"：典型与非典型的理论透视》,《社会政策研究》2017 年第 3 期。

本功能，无法恰当地承担其社会角色，因此认定了贫困的同时也就认定了其某种能力的缺失，给救助者贴上了无能的标签，在此基础上对贫困者的救助就可能会使得被救助者感到自信的打击甚至产生自卑的负面情绪，馈赠的福利事实上造成了被救助者的污名化。有很多贫困者也因此放弃申请救助。但是这种自卑感在不同的文化之间具有差异性。[1] 东方的集体主义价值观中认可人们之间的相互依赖，所以这种因为救济产生自卑感的情况要少，可以接受的福利依赖程度相对要高。在中国经历了长期的集体主义保障模式，人们普遍认为来自政府或集体的资源是"人人应得"的，尽管改革已经使得社会结构和制度模式发生了巨大变化，但是观念的变化仍然具有惰性，这种"政府的钱不要白不要"的观念促使人们争夺扶贫的福利资源。[2] 对福利依赖的文化解释提出的一个问题是：如果在农村精准扶贫中存在福利依赖，那么如何解释产生福利依赖的机制？除了集体主义传统，还有什么使得贫困人口依赖于扶贫制度？

本文以国家级重点贫困村百豪村为例，利用对百豪村村干部、建档立卡户和非建档立卡户的个案访谈及小组访谈的个案分析方法来探讨在农村精准扶贫中是否存在福利依赖现象，其具体表现及作用机制。对精准扶贫中的福利依赖问题进行研究可以防止因为福利依赖产生的扶贫

---

① A. Sen，"Poor, Relatively Speaking," *Oxford Economic Papers* 35, 2 (1983).

② 李棉管：《技术难题、政治过程与文化结果——"瞄准偏差"的三种研究视角及其对中国精准扶贫的启示》，《社会学研究》2017 年第 1 期。

效应的减少，并制定相应的制度和措施防止福利依赖的泛滥，最大限度地实现精准扶贫的减贫效果，顺利实现扶贫目标。

百豪村位于桂西北，是一个老、少、边、穷、山、库区集于一身的国家级贫困村，属于典型的石漠化包围地区。村民居住分散，自然条件差、交通不便、通信不畅、饮水设施简陋、公共服务不到位等致贫因素影响极其严重。百豪村由 22 个自然村（屯）组成，共有 37 个村民组，总面积 19.6 平方公里。全村共有 2983 人，729 户人家，2016 年实行精准识别后，全村贫困户数为 194 户，贫困人口 693 人，比例约为 26.6%。

第二节　百豪村贫困人口福利依赖的几个典型表现

对是否存在福利依赖的判断需要有一个标准，在城市中，可以以就业与否及其就业意愿程度为标准，比如具有劳动能力但没有就业意愿的救助者就可以称为福利依赖者，或者具有就业意愿甚至参与就业，但在救助体系内已经持续较长时间的救助者也被认为是福利依赖者。所以标准不同，对福利依赖的判断也不同。农村中对扶贫制度产生依赖的标准不同。与城市相比，农村中不能以就业为标准，土地的家庭承包制让每家都有生产资料，因此本文将判断福利依赖的标准限于年龄和是否具有劳动能力。

一般来说，福利依赖者是指具有劳动能力但又享受贫困救助的劳动年龄人口，而不包括身体残障等不具备劳动能力的年轻人和不具备劳动能力的儿童和老人。从这个标准来看，百豪村中抽样的33户贫困户中户主的特征，可以反映纳入福利依赖者的健康和劳动能力状况（见表6-1）。

表6-1　2016年百豪村建档立卡户的健康和劳动能力状况

变量	状态	频数	百分比（%）
当前健康状况	健康	25	75.76
	长期慢性病	1	3.03
	患有大病	2	6.06
	残疾	5	15.15
劳动、自理能力	普通劳动力	24	72.73
	部分丧失劳动能力	6	18.18
	无劳动能力有自理能力	3	9.09
在家时间	3个月以下	7	21.21
	3~6个月	2	6.06
	6~12个月	24	72.73
年龄结构	29–	1	3.03
	30~39	6	18.18
	40~49	10	30.30
	50~59	8	24.24
	60+	8	24.24
性别结构	男	28	84.85
	女	5	15.15

从户主年龄结构看，75.76%的户主都处于劳动年龄，属于劳动年龄人口，从健康状况看，被抽中的33户建档

立卡户中 75.76% 的家庭户主都是健康的，从劳动能力和
自理能力来看，72.73% 的户主都是有劳动能力的，只有
不到 28% 的人部分或完全丧失劳动能力。然而在大部分户
主都有劳动能力、健康状况允许的情况下，只有 27.27%
的户主外出打工超过 6 个月。从简单的统计描述发现建档
立卡户户主的基本特征是健康有劳动能力且外出打工时间
少。如果以劳动能力和年龄来看，百豪村建档立卡户的福
利依赖特征比较明显。

当然，不能只从劳动能力和年龄上看福利依赖特征，
在对村干部、村民和贫困户的访谈中，也可以看到村民对
贫困的理解和人人争取扶贫资源的价值取向。

一 不以贫困"为耻"而以此作为获得利益的手段

一般的研究结论认为贫困救助会使得一些贫困人口被
贴上"贫困标签"，因此贫困人口从心理上有一种愧疚感
而不愿意接受救助。但是在对百豪村的调查中发现，有些
贫困人口并没有因为接受救助而产生自卑愧疚感，而是以
得到实际利益为目的。有些村户在精准识别中不符合条件
而未被纳入，便找村干部"闹"，出现争做贫困户的现象。
在对村干部的访谈中，村干部描述了当外派干部对村中每
家每户打分，按分数公布贫困户名单后，村民的反应：

……公布 15 天。在公示的时候，有很多人都没有看
到这个公示，没有看到的，他们就不知道自己有多少分。

后来他知道了以后，等到我们第二次、第三次、第四次、第五次入户的时候，他就知道他不是贫困户，后来他就闹。他就说，别的人得，为什么我不得？后来我们就把去入户的时候的照片打开给他看，在这里你们自己说的，不是我们说的。看到公示名单后，来找村干部的有十几、二十几户，（他们）也去找了两三次的扶贫局（办）了，找不到了，也没办法了。现在政府又给每人一千块钱，那些得一千块钱的，也不是得现金，就是得些鸡苗、猪苗来养。有的人不干的。以前我们定了300多户贫困户，他们只做（贫困户）而已，那时没有得什么补助。现在有190多户而已，国家补贴他们已经拿得了，现在他们就觉得眼红了。

百豪村的贫困户识别工作是由来自广西北部湾外地区的5位干部组成的工作组来进行的，工作组按照广西壮族自治区统一设计的贫困户识别表格通过观察、询问对家庭的财产和收入等状况打分，最后分值低于64分的就可以确定为建档立卡户。在公示阶段，有人因为没有被列入贫困户名单而去"闹"，在公示之后，村干部对村民意见的处理过程中，也无不充斥着村民竭力想成为建档立卡户的想法。

在贫困户认定过程中，村民"闹""眼红""别人得为什么我们不得"的行为与语句无不显示村民为进入贫困户名单所暴露出的心态和思维方式。在这些人身上，似乎看不到因为贫穷而感到羞愧的"福利污名化"的文化价值观，而是为了获取扶贫补助以"当时不在家、不知道"等理由来找村干部理论。尤其是"以前的贫困户没有那么多补助，现在又有一千块的补助，眼红了"，这些可以看得见的利益使得村民都想进入贫困户名单中。可见不以贫为耻而以利为得的观念在村民中实实在在存在，二三十例并不只是一个单纯的数量，而是代表了一种对扶贫政策依赖的思想意识的存在。

不以贫为耻而以利为得的这种价值认同容易形成不利于积极脱贫的"贫困文化"，在这种贫困文化的引导下，一方面人们缺乏主动脱贫的意识，另一方面非贫困户可能会利用各种途径来获得扶贫利益，导致瞄准对象出现偏差。

二 依赖于被扶助、过度消费

因为习惯于被扶助，一些贫困户不仅在收入上有依赖，而且在消费上甚至超出了自己的支付能力。比较典型的是在住房方面。从对贫困村的 30 户贫困户和 30 户非贫困户的住房比较来看，用于建房和购买房屋的平均消费分别是 11.15 万元和 11.79 万元，相差并不大。虽然贫困户中还有 6.45% 住在砖木结构的房子里，但有77.42% 的贫困家庭通过政府提供的危房改造项目已经住上了最好的钢筋混凝土结构的房子，而在非贫困户中，只有 55.17% 的家庭是钢筋混凝土结构的住房。贫困户的房屋质量普遍较高的原因之一是危房改造项目的实施。

广西壮族自治区在全区范围内连续几年实行了危房改造，而农村危房改造补助对象重点是居住在危房中的农村分散供养五保户、低保户、贫困残疾人家庭及其他贫困户。各地在确定危房改造对象时，除国家重点补助对象外，同等条件下，要体现对建档立卡户、困难户等相关人员的优先优惠。在危房改造补助的支持下，建档立卡户家庭基本上都建造了新的住房，因此新住房的建筑自然是最好的钢筋混凝土结构。危房改造对贫困家庭的补助倾斜本意是让贫困家庭的住房质量提高，但是实际上有些贫困家庭利用政府补贴，不惜借款建造远远高于自己实际支付能力的住房，因贷款与借款背负的债务将贫困家庭又进一步推向贫困，脱贫无期。

贫困户陆华的状态是一个典型例子。

陆华一家六口人，母亲、自己和妻子，还有三个都在读小学的娃娃。因为孩子在县里上学需要接送照顾，老母亲一人在老家，需要两头照顾的他并没有出远门打工，只是在县城或镇子上打零工挣钱，主要是做木匠，一年可以收入 1 万 ~2 万元。他的妻子全职照顾孩子，没有任何收入。所以一家人除了他的劳务收入外还剩 7200 元的贫困户补助和 1100 元的养老金收入。陆华自家只有两亩地，一般种玉米或水稻，一年两季。一年的收成能勉强自给自足。母亲七十多岁身体不便，农田里的事情也靠他自己忙活。

陆华家现在住的这栋房子是在危房改造工程以后盖起来的，危房改造中贫困户可得补贴 24500 元。但这房子造价远超过了这一补助，陆华说盖这房子已经用掉了十几万元，去年先是找亲戚借了 7 万多元，还用掉了政府 3 万多元的无息贷款。房子还没有完全建好，至于剩下的钱怎么凑，他笑了笑表示还是得找亲戚帮忙。至于什么时候归还，除了政府的无息贷款明确了是三年期，亲戚（主要是姐姐）的钱目前没有还的计划。

对于陆华的家庭来说，教育消费和债务是目前最大的两个困难。但事实上这两个困难都与他超出自己能力的过度消费有关。当然为了孩子能得到更好的教育，父母关乎孩子教育的消费日后可能会有更高的回报，不论是对自己还是对社会，这点毋庸置疑。但是在住房上扩张消费而引起债务，不能不说此行为具有依赖扶助的意图。

三 维持贫困状态，不愿意退出贫困

对于长期贫困的国家级深度贫困村来说，贫困已经成为一种习惯，被扶助也成为一种习惯。没有被列为建档立卡户的村民想方设法进入，而已经进入贫困名单的村民则不愿意退出贫困，不愿意失去扶贫补助。在对贫困户家庭的访谈中，我们发现有的被访者对家庭的收支情况，总是刻意夸大支出，而隐瞒收入，希望用贫困的状态来维持到手的利益。在对建档立卡户户主 C 的访谈中，当问起他的家庭收入时，他总是说没有什么收入，访谈员不得不从细节处推断他的收入。

……

贫困户 C：我们现在是困难点，因为我们一般工也没有得多少，去外面打工……

访谈员：那你在工匠老板那里打工，一个月这样，他给你的报酬是多少？

贫困户 C：他那个是计件的，搞得多是得多一点。

访谈员：那一件他怎么算给你呢？

贫困户 C：他论件要，如果你把件数搞得多了，你就得多了。一般，价格也是少的。

访谈员：那一般一个凳子，他给你（的价格）是 20 块？

贫困户 C：没，没到。

访谈员：10 块？

贫困户 C：10 块钱肯定有的。

访谈员：15 这样哦？

贫困户 C：嗯。我们一般搞床架、钢筋床这样比较多。

访谈员：哦，床架。这个，这个很少。

群众：嗯，这个（凳子）不搞。

访谈员：就搞那，那床架？

贫困户 C：嗯，对对。钢筋床，钢筋床。

访谈员：哦，那如果搞那个床，如果搞得一个出来，他给你们多少钱？

贫困户 C：一张 40 块。

访谈员：一张 40 块哦。

贫困户 C：嗯。

访谈员：每，每一天能搞多少个这样？

贫困户 C：可能，普通的得多一点，那个，席梦的搞得少一点，一般搞一个月得 50 个这样。

访谈员：哦，席梦思一个月（可能得）50 个这样。

贫困户 C：嗯，普通的比较多一点。

访谈员：是多少？100 个？

贫困户 C：可以，勉勉强强得一点。

……

当问起收入时，被访者往往吞吞吐吐不愿意直接说出，即使访谈员问及细节，被访者也不愿意直接说出，"勉勉强强"的收入充分体现出被访者害怕说出真实的收入后有脱贫的风险。而与此形成对比的是，当谈到支出时，却一味夸大。

……

访谈员：刚才你说你孩子上学开支大，现在有很多都是免费的，都不要学费了。

贫困户 C：也不是，如果有一点补助什么，而已。

访谈员：就比如说，午餐，都是免费的午餐吧？

贫困户 C：有，有什么，助学基金啊，什么的，没有免费的午餐的，如果小学的是免费的……

访谈员：营养餐吗？

贫困户 C：大学生没有免费的。

访谈员：你最小的孩子呢？

贫困户C：那个在小学而已。他们得的那些补助啊，也是给他们吃早餐啊，中餐啊！

访谈员：早餐是免费的。

贫困户C：我们是要交费的。每一个学期我们还要交250（的钱）。

访谈员：那你交的这250是什么？是课本费还是早餐费？

贫困户C：没有，没有，是中餐费。

访谈员：那除了这个餐费，其他还交什么吗？

贫困户C：没有，是每一个学期都要交。每个学期还得一点补助。因为我们都是那个，库区嘛！得，得，得点补助。

访谈员：补助给孩子是吧！那，那现在没有什么太大的开支啊！对不对，孩子上学什么的，又不用交钱。

贫困户C：还交，额，忘记了，我们给钱给他……都……

访谈员：你小孩现在在哪上学啊？

贫困户C：在村里边……准备到县里面读。

访谈员：那大的呢？在，在南宁读了？

贫困户C：嗯，是。

访谈员：上大学的孩子，你一年要给多少钱？

贫困户C：那时给他3万元。3万元是少不了的。

一个学期……

访谈员：那他在大学里面，也申请过什么助学金吗？

贫困户C：每个学期好像有 2000 吧！

访谈员：你小孩是在哪所大学的啊？

贫困户C：哦？什么？

访谈员：你小孩是在哪所大学读？

贫困户C：嗯……

其他群众：你孩子在哪里读书。在哪所大学？

贫困户C：2014 年嘛，14 年他出去，读三年。

访谈员：读三年……专科。

贫困户C：第三年毕业，也就是今年（2016 年）的 7 月份毕业。

访谈员：那他在学校得补助啊！

贫困户C：他出去实习了，就不得了。

……

从对贫困户C的访谈中可以看到一个基本特征是，当问到教育花费时，他可以说得很清楚，小孩除了每月的 250 元餐费，虽然作为库区居民有补助，但是每个月还要给小孩子钱，而且准备去县里上中学，也就暗示将来的花费会更大。而对已经上大学的孩子，很明确地说出每个学期的花费就要 3 万元，但是对学校发的助学金则模糊不清地知道"好像"有 2000 元，而且一直回避回答在哪个大学上学。这个被访者没有感受到贫穷的污名化，相反还在尽力地维护这种贫穷状态，以便能继续得到扶助。

不愿意退出贫困，在贫困户中似乎是一个普遍的现象，另一个案例也深刻说明了这一现象的存在。

陈敏在 2016 年是 38 岁，未婚，和母亲居住在 2003 年建的小平房里。早年姐姐嫁到外地，弟弟结婚后自立门户，父亲早早过世，家里就剩下他和老母亲二人。陈敏很想成家，但是家里情况不好没人愿意嫁过来。弟弟结婚时家里欠的债还没还完，自己实在没什么条件。目前家里有辆摩托车，这是家人外出的主要交通工具。他去年主要在县城做装修活，只做了大约两个月时间。剩下的时间回到百豪料理家里的七分地，每年农忙的时间不到三个月，其余时间就赋闲在家。他解释说母亲年龄大，其他子女都不在身边，自己必须留下来照顾她，不能离家太久。实际上，两人去年都参加了体检。他的母亲身体健康，没什么大毛病。他完全可以适当延长务工时间，多挣钱补贴家用。

陈敏 2016 年家里的收入由两部分构成，一是他在县城做木工一共挣了 4500 元，田里的农作物差不多够家里的口粮。由于取消了农业税，肥料各方面都涨价了，种田成本越来越高。二是母亲的养老金和低保金加起来的 3000 多元。陈敏认为这一收入在村里算一般水平，他对这样的收入情况还比较满意，吃饱穿暖就很不错了。2016 年家里占比最大的支出是食品支出，其次是礼金支出。

陈敏领了村里的千元扶贫鸡苗，帮扶作用不大，他不打算继续养下去了。调查员问起养殖鸡苗不成功的原因，他回答道，平日里亲朋来吃一只，逢年过节吃一只，最后就不剩几只了。同时饲料比较贵，鸡的价格又被压得很低，算下来挣不了多少钱。除了这批鸡苗，他家有机会获得 5 万元的产业帮扶金，但他表示自己还是想出去看看就没去领，不知道还能不能领到这笔钱。问起最主要的致贫原因时，他觉得还是家里人少，没有劳动力。要是能有个帮衬的人就会很不一样。

陈敏家里条件没有拖发展的后腿。但是不管是外出务工还是做扶贫养殖，他似乎都提不起干劲，打不起精神。一年两个月在县城做装修，两个月忙农活，还有八个月就在家做做家务，偶尔去田里看看。此外，他似乎并不在意村里发的扶贫鸡苗。扶贫物资的本意是让建档户能依靠这笔物资发展生产，脱贫致富。但就陈敏家里的情况看起来，效果并不理想。他因牵挂母亲走不远这是人之常情，但这不能成为不愿脱贫、生产积极性差的理由，更无法掩盖家庭对低保金的依赖。相比于客观条件和社会制度，陈敏对待贫困的态度才是如今无法顺利脱贫的主要原因。

贫困羞愧感的缺乏、倚仗扶助扩张消费和不愿意退出贫困是百豪村中贫困户的福利依赖的典型表现，虽然每种类型的表现程度不同，但都是存在的。

第三节　精准扶贫中福利依赖的几种解释

福利依赖的形成往往是制度本身、文化价值、个体意识等各方面因素综合作用的结果，但最终都是通过根植于人的价值意识而显示出来的。福利依赖的根本其实就是贫困自卑感的丧失，因此探求福利依赖的原因就是对贫穷自卑感缺失的探讨，通过对百豪村的研究，发现在农村精准扶贫中存在几种对福利依赖的解释路径。

一 集体主义的文化传统依然是福利依赖的思想基础

东亚国家的集体主义产生了福利依赖，这是已有研究的结论。在对百豪村的调查中，也验证了这一结论。中国的集体主义传统让人们一直具有互帮互助的价值习惯，也就造成了个体责任感的缺乏，尤其在集体中处于弱势地位的人，往往认为自己应该被集体所帮助。特别是又经历了人民公社阶段，平均主义思想影响了一批人的价值观念，这些思想至今仍然留有痕迹。有些贫困人口认为脱贫是政府的事儿，是干部的事儿，自己不用努力，国家也不会让我穷。这样的思想导致一些贫困人口并不急于脱贫，努力维持受助状态，缺乏贫困人口自身脱贫的积极主动性，扶贫政策的实施效果也将大打折扣。2016 年是贫困户，但是 2017 年已经成功脱贫的村民 E 和村民 D 对此有同样的体验：

……我是这样想的，致富方面，要找一个带头人，带头致富才行。你光想国家这点钱，人家救死不救饿啊。这是一个观念的问题。好像有些人就想拿到政府的这些扶贫，我吃完了，我还贫，政府又给我，他（政府）

不会给我死，就这么想……嗯，就是观念的问题。所以要有一定管理水平的人，带领大家，发展一些项目，这样才行。像你们光买几条鸡啊，几只猪啊，鸡小一点他（贫困户）不吃，猪小一点他就吃。二十斤以上的猪他就吃了，（然后）说死了，没办法了，死了，赔不了你了，你能拿他有什么办法。

在经历了从贫困到脱贫后，村民E深有感触，他对贫困户的心理认识也更清楚，他认为有些贫困户不能积极脱贫，"观念"是主要的原因，需要有人带领大家来实现脱贫。

在集体主义价值下，对福利的依赖表现为对集体的依赖，对国家、政府、帮扶队和村集体的依赖，甚至是对领头人的依赖，总认为政府不会让我死，在这种思维惯性下，有些贫困人口丧失了自主脱贫的意识，"等、靠、要"现象成为惯常。

二 贫困户识别中的瞄准偏差减弱了村民的贫困自卑感

已有研究发现，农村低保在落实过程中存在两种逻辑，一种是社会保护逻辑，另一种是社会管理逻辑。社会保护逻辑是将低保制度真正用于贫困人口，起到保障的作用，社会管理逻辑是指农村低保被作为社会控制的手段，被分配给有助于维持村庄治理的对象，通过奖惩策略将支持村委会工作的积极分子或者村庄精英纳入低保覆盖范围①。社会管理逻辑中，低保制度并没有用于真正的瞄准对象，出现了瞄准偏差，在贫困户认定中的分配不公和对规则的破坏使得人们认为扶贫或者低保等救助制度的内涵已经发生改变，富人也领取了扶助金或者救济金，那就说明领取补助并不需要自卑。从阶层视角看，贫困家庭应该是城市最底层阶级，最低阶层有自己的文化，即贫困文化。一旦分配不公，富人领扶贫资金，就打破了贫困阶层文化，贫困文化不再具有形成的基础，所以人们也就不会认为领取补助是一件感到自卑的事。

百豪村在精准扶贫实施前对贫困户的平均分配的认定方式在一定程度上也削弱了村民对贫困的自卑感。在对村干部的访谈中，村干部述说了精准扶贫前后对贫困户不同的识别方式。

……在精准识别前，贫困户是我们队自己评出来的，一队他（上级）下的指标有 15 户还是 20 户这样，反正就是记哪家有小孩读书，都是贫困户了……有多少户，有多少个按村，有多少个贫困户，再安排到屯。（就比如）我们村提有 15 户，他（上级）给 7 户；提有 20 户的，评得 9 户、10 户，这样的，对半而已……标准是有，意思是不准确的……上级给个指标（名额）而已，各队按人口分一分，分到屯里……如

① 李棉管：《技术难题、政治过程与文化结果——"瞄准偏差"的三种研究视角及其对中国精准扶贫的启示》，《社会学研究》2017 年第 1 期。

果他（某户）是在这个队富裕了，但，在这个队算贫困了。

精准扶贫之前的按指标分配贫困户名额的认定方式在很大程度上让一个村内的贫困瞄准出现了偏差。从村干部的讲述中，家里有孩子上学的就可以是贫困户，每个屯按照人数不同贫困户名额不同，显然不同的屯认定贫困户的标准不一样，标准的不一致意味着贫困的内涵不一致，村民很难形成对贫困的共同理解，认定的标准往往并不是真正代表了贫困的真实内涵，所以村民也就不能对贫困有共同的自卑认知。

福利依赖的形成必定是一个文化上长期积累的过程，扶贫执行过程中出现的问题都可能强化了福利依赖，福利依赖的文化也有了更丰富的内容。

三 "运动式"扶助引发了贫困家庭期望值不断上升，扶贫满意度下降

新中国成立以来，中国一直很重视农村扶贫工作，不断改变扶贫方式，从漫灌式到开发式、精准式扶贫，一直在探索一条更有效的扶贫道路。然而在扶贫工作中，由于部门多头管理，政府部门的政绩取向，追求短期效应，从而在扶贫中缺乏长效机制，经常会出现"专项式""运动式"扶贫，往往在一次次专项式、运动式扶贫中，贫困户都可以得到一笔扶助资金，长此以往，造成了贫困户条件

反射似的对扶贫的期望值不断上升，期望条件越来越高，认为只要政府来人，就会给钱，如果没有，就产生不满情绪。

百豪村村干部讲述了精准扶贫中过多的填表和检查，上级每次来检查，不仅打扰了贫困户，而且让贫困户产生了"又要给钱"的错误意识。

> 从我的个人来讲，我就是说，每个月，每两到三个月这样再下去看他们扶贫啊，这个我不赞同，我的意见，我的想法就是应该，（就比如）一个人没有水柜的就帮他搞水柜；没有路的帮他搞公路；哪个没有房子的就给他补助一点，就给他脱贫就可以了。不要两三个月就要下去调查贫困户了，每一次下去都打电话让他在家等我们，他以为得什么，不得就骂我们了。贫困户他以为什么，不得什么东西补（助）了，他呀，太馋了。太近了（时间间隔太近了）。

"他以为得什么，不得就骂我们了"的意思是村干部让贫困户在家里等着填表，而贫困户家庭以为要给什么补助了，如果等来的只是填表，而没有什么实际利益和补助，就要骂村干部了。村干部认为不断的补助把贫困户补"馋了"，大致意思也就是过多的重视让贫困户的期望值增加，但是满意度却下降。

百豪村村民对扶贫的满意度不高的另一个典型例子是在危房改造项目上。2015~2017 年连续三年广西壮族自治区发布了关于农村危房改造项目的通知，强调了对建档立卡户的补助和优先。百豪村的危房改造基本上已经完成，建档立卡户拿到了 24500 元的建房补贴，建起了新房。从住房质量上看，建档立卡户住房质量要远远好于非建档立卡户，前面已经提到了 77% 的建档立卡户都住上了钢筋混凝土结构的房子，而非建档立卡户中只有 55% 住的是钢筋混凝土结构的住房。然而即使有 77.42% 的贫困户家庭住上了最好的钢筋混凝土结构的房子，但却只有 30% 的家庭对目前的住房状况比较满意，很不满意的有 12.12%，而非贫困户对目前状况满意的达到了 50%，很不满意的只有 3.33%。为什么不断的扶助仍然不能让贫困家庭满意呢？在各种项目中对贫困家庭的优先照顾和扶助政策助长了贫困家庭对扶助期望值的提升，这不能不说也是福利依赖的一种形式。贫困人口的过高要求也会遮蔽扶贫的真实效果。

对扶贫如何建立长效机制是更重要的，专项式、运动式扶贫便于短期目标的实现，但是其往往会产生负面影响。福利依赖是这种方式最明显的后果。

第四节　避免福利依赖对策建议

虽然贫困人口对扶贫政策的依赖不是普遍的，但却是典型的，并且深植于贫困人口群体中。由于传统文化和制度及个体自身的因素相互作用，贫困人口群体中形成了福利依赖的文化，在精准扶贫过程中不同程度地表现出对扶贫制度的依赖性，不以贫为耻而以得利为目的，过度消费以及不愿意脱贫的现象仍然存在，究其原因，集体主义传统、扶贫过程中的瞄准偏差及运动式、专项式等短期扶贫方式都或多或少地让福利依赖思想得以生存并扩散。中国扶贫规划提出 2020 年要使农村贫困人口脱贫、贫困县全部摘帽，这种设置了时间节点的急迫心情和紧迫任务，很可能助长了少数贫困人口的福利依赖心理，即"你越紧迫，我越得利"。

到目前为止，精准扶贫精准脱贫从政策、制度等外部因素上已经全方位开展，并且已初步取得了成效，但同时应该意识到来自贫困人口本身的福利依赖思想会阻碍扶贫的顺利实施，增加脱贫后返贫的概率。虽然福利依赖不是短期可以消除的，但是我们在制度设置上仍然能够通过政策的制约来减少福利依赖的发生。

一 建立对脱贫户的激励机制

在扶贫过程中，制度应该具有奖勤罚懒的作用，以此来引导正确价值观的建立。对脱贫户实行奖励，并且奖励幅度可以大于扶贫资助，在原有以得到利益为目的的思想下，贫困户自然愿意努力去争取比扶贫资助更多的奖励资助，从而强化自主脱贫的愿望。同时对脱贫户的奖励还可以作为防止返贫的保障，巩固脱贫成效。

二　减少现金救助，建立有条件现金转移支付及其退出机制

充分细化六个精准，精准扶贫不仅是精准识别贫困户，还有扶贫项目的精准。对于农村贫困人口要根据致贫原因有针对性地设置扶助项目，减少现金救助，增加目标性救助，提供给贫困人口脱贫工具和能力，而不是现金扶助，后者可能会产生无限制的依赖。

三　完善各类社会保险制度，预防贫困的发生

预防贫困的发生是解决贫困问题的办法之一。建立和完善从儿童到老年的人的生命周期内的各种社会保险制度，可以有效防止贫困的发生。医疗、养老等社会保险制度是有限再分配，个人缴费会承担一定风险，而扶贫救助是公共财政转移支付，是完全的再分配，受助者个人不承担任何风险，通过社会保险制度来分担贫困的风险，从制度上减少了人们对福利的依赖。

四　在扶贫过程中精准识别，减少瞄准偏差，杜绝扶贫工作中不公平现象的发生

在农村的扶贫过程中，有些具有扶贫性质的公共转移支付更容易被富人得到，在扶贫过程中出现的不公平和不公正会导致人们对扶贫制度的不信任，会引发大家不择手段争取利益，而不顾扶贫的真实意义，这也助长了福利依

赖的思想。扶贫工作做到公平公正，精准识别被扶贫对象，让人们看到贫穷的人才能得到扶助，将有助于人们遵守精准扶贫中的制度规则，消除福利依赖的思想。

五 积极宣传家族式致富能人和积极脱贫户，树立脱贫致富标兵

在脱贫的过程中要充分挖掘家族内致富能人和积极脱贫户的先进典型，树立脱贫致富标兵，总结他们的脱贫致富经验。号召能人回乡创业或带动家族内贫困户积极脱贫，将他们的先进事迹在县、乡、村中大力宣传报道，将先进人物照片和脱贫带动事迹以宣传海报、手机短信、横幅、宣传单等形式在村内和村民中报道传播。在全村内形成致富光荣、积极脱贫、争当贫困户可耻的风气。

六 在扶贫方式上，防止运动式扶贫

扶贫从预防开始到精准实施，应该形成一个长效的工作机制，积极预防贫困的发生，而不是运动式的一阵风，让贫困人口认为一来扶贫就有利可图，而形成依赖思想。

第七章

精准扶贫背景下百豪村基层治理现状

第一节　驻村第一书记制度

　　随着改革的深入，越来越多的学者将目光凝聚在乡村基层治理的过程中。改革开放后城市与乡村的发展差距越来越大。国家采取免征农业税的方法来减轻农民负担，同时不断向农村地区输入资源以推动当地社会的进步。在试图推行技术型治理的进程中，农村地区出现了政策承办不力现象，基层政权组织陷入了消极作为与难以作为的困境。[①] 这一转变削弱了传统乡村基层组织与村民之间的联系，乡村基层治理面临新的难题。

　　[①]　陈锋：《分利秩序与基层治理内卷化资源输入背景下的乡村治理逻辑》，《社会》2015 年第 3 期。

乡村基层治理是国家整个治理体系的基石，继续增大对基层治理能力培育的投入是推进乡村基层管理体系和治理能力跟上时代步伐、实现现代化的关键。[①] 村委会是乡村基层治理的重要载体，是当地自我管理、自我教育、自我服务的基层民主自治组织，致力于维护村民生活安定，促进农村社区发展。其主要职能是内部自治性事务处理，同时协助上级政府在当地开展工作。村委会将国家治理与广大农村群众紧密联系在一起，在基层治理中发挥着无可取代的作用。[②] 学者们还通过 CFPS 2010 数据分析发现村委会的行为、村干部的特征是影响农民收入的关键因素。[③] 研究表明，村干部加强自身素质的建设有助于农民收入的提高和生活质量的改善。

　　在税费改革后，大部分乡村失去了主要收入来源，村委会收益匮乏，导致多地出现断发村干部工资的现象。村干部提供公共服务的能力受损，导致村基层组织松散软弱、权威性受到威胁。村委会成员为了维护自身利益，出现"寻租"现象转而霸占村庄内部资源，以满足自身需求为工作重心。村委会开始选择性地积极完成有利可图的工作，消极对待可能造成损失的任务，在执行上级政策时有了显著的利益倾向。此外村基层组织的民主决策、民主管理、民主监督的功能被侵蚀，无法真正为群众服务。长此

---

① 陈荣卓、唐鸣:《农村基层治理能力与农村民主管理》,《华中师范大学学报》（人文社会科学版）2014 年第 2 期。

② 叶敬忠、汪淳玉:《村委会在新农村建设中的角色》,《中国农村经济》2008 年第 12 期。

③ 于潇、Peter Ho:《村委会行为、村干部特征与农民收入——基于 CFPS 2010 数据的实证分析》,《农业技术经济》2014 年第 7 期。

以往，村基层治理发展就会偏离既定的道路，有害于村干部自身的进步与村庄的繁荣。①② 因此，村中需要设立监督委员会，主要负责对村委会干部行权的监管与制约，谨防村干部做出破坏集体利益、"克公奉己"的违法行为。

　　针对上述问题，为了进一步加强基层政权建设，促进精准扶贫工作在村中的开展，2015 年中央在全国选派优秀人才前往各行政村担任"第一书记"。③ "驻村帮扶制度"，也称"驻村制"或"包村制"，是指上级政府为行政村配备专职干部，负责推动中央相关政策在基层的执行与落实的一种工作机制。④ 驻村帮扶制度重在对村基层自治组织管理服务能力的培育。在精准扶贫阶段，这一制度的经济功能显得尤为重要。第一书记作为脱贫攻坚的先锋力量，他们深入贫困第一线，与村两委通力合作带领村集体快速发展。第一书记的创新思想、先进理念为当地的乡村治理注入新的活力。第一书记帮扶制度是中国贫困治理中的重要创新。利用第一书记与贫困村的联系，第一书记的原单位可提供物资开展帮扶项目促进贫困地区的发展。⑤ 多处地方经验表明，第一书记的到来有利于推动当地改革的深入，有利于改善村基层管理不善、发展滞后现状，还有利

精
准
扶
贫
背
景
下
百
豪
村
基
层
治
理
现
状

---

① 刘行玉：《村委会行为倾向考察与分析——以鲁东南夏村为例》，《农业经济问题》2011 年第 2 期。

② 叶敬忠、汪淳玉：《村委会在新农村建设中的角色》，《中国农村经济》2008 年第 12 期。

③ 杨芳：《驻村"第一书记"与村庄治理变革》，《学习论坛》2016 年第 2 期。

④ 许汉泽、李小云：《精准扶贫背景下驻村机制的实践困境及其后果——以豫中 J 县驻村"第一书记"扶贫为例》，《江西财经大学学报》2017 年第 3 期。

⑤ 谢小芹：《"接点治理"：贫困研究中的一个新视野——基于广西圆村"第一书记"扶贫制度的基层实践》，《公共管理学报》2016 年第 3 期。

于基层干部磨砺意志、锻炼能力。

驻村书记的到来为原本的中国乡村治理格局带来了变革，主要体现在治理核心主体、目标和方式的转变。[①] 驻村第一书记作为"外来客"代替村庄内生的村两委班子成为主要负责人。驻村第一书记代表国家行政权力不同于以往的村庄自治。长久以来，村两委都是从当地能人中直接选举而来，第一书记必须要适应、融入当地环境，因地制宜做出正确的治理决策。在农业税取消后，村两委自治功能受到制约。村中青壮年大多外出打工，村中不仅经济活动失去活力，各项公共服务也无法开展。村委会在村民心中的权威性下降，以致工作消极。第一书记的任务相比"维稳"更像是重建，重振村中衰败的公共服务体系，切实带领村庄全面发展。不能像村两委"乡绅"式的治理方式，第一书记要深入群体，深入了解困难村民生活生产中遇到的难题。第一书记可把村委会视为沟通的桥梁，把行政管理和村庄自治有机结合。在贯彻国家政策的同时发挥村集体的积极性，处理好两者关系。

在第一书记的带领下，许多村庄的经济能够快速发展，呈现全新的面貌。但落后地区寄希望于"第一书记"的帮扶制度，仅利用社会资源脱贫是不现实的。首先，第一书记在融入当地环境的过程中可能会出现结构性排斥，第一书记的介入破坏了一些地区乡镇联村干部和村干部的

① 杨芳：《驻村"第一书记"与村庄治理变革》，《学习论坛》2016年第2期。

利益共同体，因此两者消极回避对第一书记工作的配合。[①]
其次，第一书记的"后盾"单位财力有限，产业发展如果
没有后期投入那也只是昙花一现。落后地区的长期发展离
不开大量资金支持，这一点主要还是要靠政府承担。目前
学者们的研究将重点放在第一书记与村庄之间的关系上，
却忽视了第一书记帮扶体制内的传承与发展。每一任驻村
书记的工作经验都是宝贵的财富。在前辈们的经验基础之
上，下一任第一书记开展工作时就是站在"巨人的肩膀"
上，从而减轻工作负担、提高扶贫资源利用率，更有效地
帮助落后地区实现脱贫致富的目标。第一书记的工作机制
取得了一些成效，但是也暴露出了一些问题：部分第一书
记只是"走读式""挂名式"帮扶，有的"只转转，不用
心""只谈谈，不落实"，扶贫工作没什么成效，老百姓评
价不高，满意率低，缺乏优秀的领导力和公共服务动机。[②]

　　驻村第一书记制度的利弊引发的我们的思考是：驻村
第一书记如何处理与乡镇干部、村委会干部的关系？第一
书记如何为当地基层培育出可持续的基层贫困治理能力？
驻村第一书记自身能力怎样影响到乡村基层贫困治理能力
建设？如果驻村第一书记自身能力不强，他就无法带动村
委班子进行贫困治理能力建设，而如果驻村第一书记过于
强势，又可能会出现村委会班子对他的依赖，也无法帮助
村委会提升自身办公水平，培养其贫困治理能力。这涉及

---

① 许汉泽、李小云：《精准扶贫背景下驻村机制的实践困境及其后果——以豫中
J 县驻村 "第一书记" 扶贫为例》，《江西财经大学学报》2017 年第 3 期。
② 王亚华、舒全峰：《第一书记扶贫与农村领导力供给》，《国家行政学院学报》
2017 年第 1 期。

驻村第一书记与上级政府、镇干部及村干部之间关系的处理能力。

在对百豪村的调查中，我们通过对村委会和第一书记的访谈发现，百豪村的驻村干部自身贫困治理能力强、工作尽责、与乡镇和村委会干部相处融洽，但是由于驻村第一书记的能力强，也造成了基层干部的依赖，大小事务放手交给第一书记来办理，反而不利于基层扶贫治理能力的培养和锻炼。

第二节　百豪村乡村治理现状

百豪村两委班子共有 4 人，包括村书记、副书记、主任、副主任和委员，其中村支部书记和村委会主任由陈建兼任。陈建与村委会副主任陈艳都是连任七届的老干部。村副书记陆元共任六届，相比少了一届是因为在一次选举中他票数少于自家女婿而落选，后者嫌在村中收入太少任期满后选择了外出务工。资历较浅的覃绍目前连任三届村支部委员，之前一直义务担任村小组组长，有着牢固的群众基础。四人彼此非常熟悉，相处融洽，能够主动配合对方工作的开展，其中村支书与村委会副主任还是亲戚关系。村干部们生于百豪长于百豪，十分了解当地的风土人情，有能力与基础根据村庄的特点探寻一条可持续发展道路，指导当地扶贫工作的开展。

乍看之下，百豪村村两委成员都是本地人，彼此熟识，理应共同把百豪村治理得井井有条。但事实上百豪村干部对于各项工作安于现状，缺乏进取心，集体责任感不强。这一点首先体现在村集体经济方面，百豪村尚未摆脱小农经济模式。村集体经济的壮大可使村委会有能力出资改善村里的居住环境，提高村干部在群众心中的威信。目前外租的林地和拖拉机是村委会集体收入主要来源，在建的大规模养鸡场将对百豪村接下来的发展发挥较大的推动作用。而在当地集体经济从无到有的过程中，村干部们起的作用并不大，精准扶贫政策和第一书记的牵头作用对当地产业的帮扶来说是最主要的推动力。村干部们对于"乌鸡养殖项目"的了解止步于"发展养殖"。村干部们在前期的准备策划工作中徘徊在边缘地带而不是真正参与到这一过程中来。在访谈中，村干部提到争取过县上科技特派员的服务，科技特派员可为村里的养殖户提供 5 万元的发展资金。在谈到具体的执行操作时，村干部都只能做模糊描述。在我们一再追问下，他们说出现在这只停留在初步阶段，发展基金还没有投入。可见，村委会在精准扶贫过程中没有完全发挥出作用。

百豪村未来发展所依赖的养殖场并不是万能的救星，只有外来企业与当地深度沟通交流，处理好场地、设备、雇员、市场、销售等一系列问题，这一项目才会良好健康地运营，大大增加当地收益。为了配合养殖场计划，村干部在前期完全可以通过组织村组会议来宣传这一项目对村庄整体发展的积极作用，同时全力动员留村劳动力投身于养殖场的建设。特别是对出于家庭原因留村的建档户来说，这是一个非常难得的自助脱贫机会。

在百豪村公共生活方面，当地村民缺乏业余文化娱乐活动。村委会一般是集体活动的承办人，而由于当地村干部没有意识到丰富村民文化生活的重要性，在这一方面几乎没有作为。百豪村极度缺乏农村合作社或是文化娱乐组织。百豪村村委会办公处有一处广播，每天上午十一点播放从气象局发来的天气预报，下午五点播放关于养殖种植的技术技巧。广播辐射面很窄，只有附近的居民能听到。县政府牵头组织在村里举办的养殖技术培训，村里只负责提供场地，不做其他安排。这些基本上构成了村民们文化生活的全部。当地村民的业余生活苍白无趣，再加上当地没有路灯，地理位置偏远，交通不便，村民们大多过的还是日出而作日落而息的农耕生活，这与新农村的建设目标背道而驰。当地村民政治参与的积极性不高。入户问卷调查结果显示，2016年百豪村有30%左右的村民没有参加最近一次村委会投票，有41%的村民没有参加村委会召开的会议，有40%的村民没有参加村民组召开的会议，有57%的村民没有参加最近一次乡镇人大代表投票。但村民们参加村委会选举的热情非常高涨，2014年的参与率高达85%。这一方面是由于村民公民意识的觉醒，另一方面是他们认为村干部的人选与自身利益切实相关。[①] 可见村民们未主动

---

① 仝志辉：《农民选举参与中的精英动员》，《社会学研究》2002年第1期。

参与到百豪村日常事务的管理中来，民主决策、民主管理、民主监督环节对基层治理的重要性被大众忽略。

眼下，百豪村集体经济落后，公共资源匮乏，民主管理、民主决策和民主监督机制不完善。这些因素使村基层自治组织无法实现其历史价值，真正为村民服务，发挥其应有的作用。

第三节　百豪村精准扶贫过程中的基层贫困治理能力

一　百豪村精准扶贫与乡村基层政权建设

精准扶贫工作的开展让百豪村的发展进入了一个新的历史阶段。当地居民纷纷从帮扶措施中获益，不管是生活水平还是生存技能都有了一定的提高。有了外界物资的援助，村公共设施情况有了较大的改善。村集体经济以乌鸡养殖场为依托将来可以推动全村整体的发展。有了经济基础，村委会就能够实实在在地为村民做些事。精准扶贫带动产业发展的同时，推动了乡村基层政权的建设。具有组织性的基层政权有能力深入理解政策背后的目标，协助完成全面小康的时代目标，保持精准扶贫的政策目标与当地的发展利益相一致，两者只要保持步调一致就会产生相互促进的积极作用。

精准扶贫特色在于精准，精准到村、精准到户。传统的扶贫政策中从上至下的统一扶贫措施并没有在百豪村取得太大成效。当地最基本的水电问题都没有得到解决。精准扶贫政策将目光锁定在关系民生的各个层面，最先解决了困扰村民多年的出行障碍问题以及用电不便的问题。这些措施一方面有利于解决当地发展难生活难的问题，另一方面大力培育了村基层组织的服务能力。此外，为了防止村干部滥用职权贪污扶贫资金情况的出现，精准识别过程不允许贫困村干部参与。扶贫物资发放到个人，低保金补助金直接打到指定账户。这一做法从源头上杜绝了腐败的滋生。村干部虽然不直接参与扶贫物资的发放，但可参加到制定决策、发展方向的把握等工作中来，这更有助于基层管理策划能力的培养。村干部们有了更多的时间去思索村庄未来的发展方向，将更多的精力与时间投入村集体经济的发展、村基层民主的建设中。

村支书与村委会副主任已连任了七届，足足有 21 个年头。在这期间百豪村中的各方面都没有太大的变化。村委会的职责在于内部管理，服务的是当地的人民群众。相比主动出击积极争取发展机会，村干部多是不紧不慢、按部就班地跟着上级扶贫部门设计好的道路发展。2015 年精准扶贫的工作开展是村里发展的转折点。从这一年开始，百豪村通了路通了电，部分满足了村民眼前最迫切的生活需求。百豪村村干部是否主动承担了其在精准扶贫工作中的职责？

精准扶贫工作的第一阶段是精准识别，村干部在打分过程中要避嫌，在这一阶段负责为打分组人员带路。在打分结束扶贫工作开始后，上级派驻村第一书记前来主持帮扶工作。村干部对目前村里各项帮扶措施并不十分熟悉，"这个是扶贫办的，县的扶贫办的，具体是哪一块，我也不知道。反正是每户每个人，每人一千"，村干部们对扶贫基金的来源和村民的使用方式都不关注。村干部也忽视了对精准扶贫效果的考核，精准扶贫虽然在识别时从各个方面综合判断，但是只要人均收入满足条件就算作脱贫，忽视了贫困户的脆弱性。村委会没有组织开会讨论建档立卡户对扶贫措施的看法与建议，建立扶贫效果的反馈机制。此外，村委会干部对扶贫工作的认识太过浅显。"没有水就给他水，没有电就给他电，没有路就给他路。没有房子，好像现在，没有几多瓦房了哦！他改造出来，给他脱贫了。"百豪村村干部急于完成这一时的扶贫任务，未曾考虑到扶贫成果的长效性与可持续性。从识别到帮扶，村干部在百豪村精准扶贫治理的过程中参与程度不高，大部分工作都由上级政府与驻村书记承担，导致村干部在精准扶贫过程中的缺位和扶贫治理人员下移，与乡村治理能力建设的脱离。这主要表现在百豪村村干部对外界援助的依赖上。

二 百豪村第一书记与乡镇、村委会班子

百豪村驻村第一书记刘全，男，研究生学历，于 2016

年1月份开始在百豪村担任第一书记。在这之前他一直在广西民族大学担任辅导员，广西民族大学是刘书记的"后盾"单位。刘书记是村里扶贫工作的主心骨，在走访过程中村民们常常把他挂在嘴边，介绍自家的扶贫鸡苗猪苗都是刘书记主持发放的物资。跟百豪村村委会成员相比，刘书记年纪较轻，工作经验不丰富，但他凭着一股韧劲很快适应了当地艰苦的条件，努力将每一份工作做到尽善尽美。其中包括为建档户诊断致贫原因、引进资金项目、为贫困户制订脱贫计划、帮助落实帮扶政策和参与脱贫考核等。朴素踏实、认真负责是刘书记最突出的特点。

刘书记来到百豪村后，村民们在最苦最难的地方都能看到他的身影。渐渐地他成为深受群众喜爱、领导百豪村脱贫的重要一员。百豪村共194户贫困户，分布在37个村组不同的山头之上，且各屯之间未通硬化道路，石山区路况不好只能徒步行走，刘书记常常翻越几座山头才能完成当天的工作。比如确保鸡苗鸭苗顺利地送到每一建档立卡户的家中；为了检查村民们的种树情况，他一天至少要走上十几公里的山路；如果村民房屋因山体滑坡而崩塌，刘书记要在第一时间到达现场确保人员安全，联系保险公司估计村民损失。有了前期大量的走访工作做基础，刘书记基本摸清了每一户建档立卡家庭的情况，能够如数家珍般地为调查员们讲解当地的扶贫措施和成果。

凭着这一股韧劲，刘书记在到岗后不久就探访了所有贫困户，仔细诊断各建档户致贫原因，并担任 8 户的帮扶联系人。同时为了保障帮扶质量，刘书记会定期走访接受猪苗帮扶的贫困户，检查收据和猪苗生长情况，并拍照反馈，确保村民不会将猪苗吃掉或者早早出售，尽量减少贫困户的收益损失。2016 年上半年，刘书记留村时间为 160 天，其中工作时间为 150 天。刘书记与村民同吃住，很少有返校探亲的机会。他克己奉公、任劳任怨的工作态度在当地建立了较好的口碑；不畏艰苦、以身作则的工作方式为村两委树立了学习的榜样。百豪村从上到下对刘书记的工作状况都很满意。

对驻村第一书记的考验不仅仅是村民对干部的满意度，更重要的是第一书记如何在工作中处理好与乡镇干部、村委会干部的关系，因为驻村第一书记可能会遭遇乡镇干部与村干部之间的"共谋"与"乡－村"关系的闭合而影响其工作的顺利开展。① 但是在与百豪村驻村第一书记的接触中调查人员注意到，他与乡镇干部和村委会班子相处很融洽，从县、乡到村，刘书记完全融入当地的干部关系之中。这种融入是我们通过自己的观察与聊天实实在在体会到的。

我们第一天到达东兰县时，刘书记在县车站等候我们，正在与刘书记互相介绍时，刘书记暂停下来，向一个骑摩托车过来的人走了过去，两人很熟悉地寒暄。刘书记介绍说这是镇书记。这让调研员不由得担心起来。因为调

① 许汉泽、李小云：《精准扶贫背景下驻村机制的实践困境及其后果——以豫中 J 县驻村"第一书记"扶贫为例》，《江西财经大学学报》2017 年第 3 期。

研员事先并未按照行政级别逐级通知来调查，而是直接入村，这样的行为其实会让很多干部不高兴，有时甚至会阻碍调查的进一步开展。但是在刘书记与我们讲完之后，镇书记并未对此事有任何不愉快（而且在此后的调研中也从未出现来自镇上的阻力），而是跟我们热情道别。由此看出，刘书记得到了镇领导干部的充分信任，在工作中镇书记给予了大力支持。当我们问起刘书记与村委会主任的工作关系时，刘书记笑盈盈地说："我是第一书记嘛，他是配合和辅助我的工作。"说明刘书记在工作中与村干部们的合作没什么阻力。

与村书记关系的融洽不仅仅是工作上，也表现在生活上。当我们与第一书记聊天，问到他在村里的吃饭住宿问题时，他说吃住都在村主任家里，村主任家条件较好，盖有两层小楼，还有在当地少见的独立卫生间，能够腾出一间屋子给第一书记居住。吃饭则是跟村主任一家一起。第一书记因为经常到县里开会，他在县里也租了一间房，有时在县里开会结束太晚，就住在出租房里。

从我们与第一书记的接触中，强烈感到刘书记对村工作的热情和朴实。他出色的工作能力保证了百豪村精准扶贫的顺利实施。百豪村村委会的能力需更加精进，才能在刘书记任期结束后仍维持现有的治理水平。

三　村委会基层治理能力有待提高

与第一书记掌握全局的工作胜任能力相对照的是村

委会班子基层治理能力的不足。村民"需要有个带头人来帮助贫困户做项目"的话语就可以反映出村民其实也需要能力强的领头人的带动，而在目前的状态中村民感觉不到领头人的作用。从对村干部的访谈中，我们感觉到村委会班子工作上的依赖作风。这主要体现在以下几点。

（一）村委会对上级政府的依赖

百豪村的贫穷起因于周边恶劣的自然环境，与村干部的治理能力不足也有很大关系。精准扶贫为当地带来了资金，带来了发展机会。不管是红水河两岸的绿化项目还是县级资金项目，村两委的干部们都勉强了解大概，相关问题以"都是县里面的"为说辞搪塞过去，似乎帮扶工作的开展是县里的职责。村干部对上级政府全包式的帮扶措施已经养成了依赖，丧失了带领村集体探索发展道路的积极性。村委会没有自觉肩负起带领村民脱贫致富的责任。村委会成员是村民投票选出并寄予希望的村中榜样，他们是村庄的守护者、建设者，是村里的精英群体。带领村庄尽快脱贫、改善村民生活应该是他们工作的首要目标。百豪村村干部很明显没有认真履行职责，在精准识别、精准帮扶过程中始终从事辅助性工作，机械地履行上级的命令。他们对贫困的认识陷入了误区，认为只要投入足够的物力财力缺哪补哪，脱贫就不成问题，却忽视了对扶贫成果的保护和对返贫的预防。实际上百豪村才应该成为脱贫的主力军，即使没有上级主动的拨款与技术支持，村干部也不能被眼前的困难吓倒，要与村民团结一致，结合自身条件主动争取发展机会，取代在原地等待救助的老旧方法。

（二）村委会干部对第一书记的依赖

第一书记一般都从各级机关的优秀年轻干部中选拔出来，帮助基层组织建设，协助指导当地精准扶贫事业的开展。与当地村委会班子一起为民服务，提升落后地区的治理水平。其任期一般为两年左右，不影响当地的村委会班子，也不参加换届选举。第一书记与村委会成员相比较，受教育程度更高，可以更好地理解政策的含义，保障政策的实施效果。

刘书记到任后走遍了百豪村的每一寸土地，拜访了每一户人家，对百豪发展有了自己的思考，并联合广西民族大学给百豪村的建档立卡户每户都发放了千元扶贫养殖苗，村民们可自选养鸡养鸭或是养猪，为当地经济的发展注入了新鲜血液。刘书记竭尽全力为百豪村扶贫工作忙前忙后，这样做本应该是锦上添花，却出人意料培养了村委会班子对驻村第一书记的依赖。虽然听从安排为工作顺利开展减少了阻碍，但是村委会缺乏自己对本地发展的思考透视，过度依赖外界帮助，丧失了创新工作能力。乡村自身的基层贫困治理能力无法形成，"空有其表"的村两委班子又能在脱贫奔小康的道路上起到多大作用呢？

刘书记对这份工作投入许多心血，将村中贫困户的情况熟记于心，每次扶贫物资的发放都是亲力亲为，村民都很尊敬他。刘书记在任期里基本上包揽了与精准扶贫相关的一切工作，为百豪村的发展做出了很多贡献。随着调研的深入，村第一书记体系中存在的制度弊端渐渐显露，即两任第一书记缺少交接工作。上一届书记一走，这一届第一书记接任又得从零开始，白白浪费了上届第一书记的工作成果，且不利于新任书记扶贫工作的开展。因为第一书记的设置，当地村委会班子对本村扶贫工作的熟悉程度远不如第一书记。在进行村问卷访谈的过程中，当问题细化至各阶段学生多少名，升学多少名时，村干部都很难答上来，让我们去问第一书记。村委会班子过于依赖第一书记，反而缺失参加扶贫工作的积极性与主动性。在第一书记离职之后，或者在精准扶贫工作结束以后，不再有第一书记的帮助时，村委会需进一步加强自身素质本能带领全村群众脱贫致富。

当前百豪村村委会干部对各项工作的热情都不高，缺乏对未来发展的规划与对美好生活的向往。村干部们应清楚意识到自己肩上的重任，挖掘自身的可能性，培养独立思考的能力，在工作中逐渐减少对第一书记的依赖。百豪村整体现状不容乐观，各个方面都是刚刚起步，即使现阶段依靠大量物资补助暂时脱贫，这种情况下家庭的抗风险能力也还较弱，返贫率较高。面对这一系列的挑战，村委会干部绝不能完全靠上级来制定前进方向，要主动站出来维护村子的和谐发展。

第四节　完善基层治理对策建议

一　为驻村第一书记提供更好的资源支持和行政权力支持

自驻村第一书记制度实施起，就存在驻村第一书记难开展工作的情况。作为一个外来人，融入本地层级牢固的行政机构会遇到很大阻力。特别是如果驻村第一书记自身能力不强或者对驻村工作不感兴趣，敷衍了事，驻村第一书记的作用和工作目的根本不会发挥和实现。所以上级既要监督驻村书记的工作也要给予驻村第一书记更大的支持和信任，让他们拥有更多的扶贫资源调配权，让村委会协助驻村第一书记顺利开展工作。

以百豪村的刘书记为例，当地上级领导的信任、支持和对扶贫资源有一定的决定权，这些是他工作顺利开展的有力保障。当然刘书记本人对驻村工作的热爱和强烈的责任感同样促使他不畏难不逃避，积极处理好工作中的大小事务。

二　强化第一书记对基层治理能力的带动和培养体制

在目前的扶贫工作体制中，村民和村委会班子都处在一个被动的地位。没有全面调动村民脱贫的积极性，发挥当地生产力的潜能，还是一种指导性的扶贫工作政策。村民应该作为扶贫工作的主角参加到精准扶贫工作的开展中来，实现本质上的角色转换，掌握脱贫致富的主动权。第一书记只从事辅助性和指导性工作，当地村委会班子学习领会精准扶贫的精神内涵，熟悉各项政策，熟知村民的难处所在，成为当地精准扶贫工作的管理者和带头人。

国家选派优秀的第一书记的初衷是帮助培育基层民主组织，加强基层政权建设，促进广大农村地区的改革与发展。第一书记文化水平更高，见多识广。他们带来了先进的教育管理理念，带动了贫穷落后地区社会经济共同进步。农村基层组织绝不能搭第一书记的"便车"，把主要工作都推给第一书记。在百豪村刘书记的带领之下，当地的扶贫工作有条不紊地开展，取得了一定的成果。但村委会也要主动参与到扶贫工作中，与第一书记一同深入了解建档户的实际发展需求，而不是只负责为扶贫小组带路。村委会干部要自觉向第一书记学习，向先进榜样靠拢。双方要多交流工作经验，分享扶贫经历，互相督促对方工作的开展。第一书记要完成好培养农村基层工作能力的任务，不能一味地单打独斗，试着放手和当地村基层一起完成每一份工作。

三 做好脱贫政策调研工作，多走访查看脱贫户

当前在精准扶贫的大背景下，政府是各种扶贫政策的制定者，一些政策看起来符合现实情况，但实际执行起来缺乏实效性。政策朝令夕改、上下不一致、难以执行的现

象仍然存在。出现以上问题的关键原因是政府扶贫调研不够，政策细节存在偏误。此外在督查检查工作中关注脱贫户的脱贫状况不够，而将检查重心放在查看各种脱贫材料和报表上，直接导致基层领导和帮扶干部的心思和大量时间都花在收集材料和归档材料上。对对贫困户而言到底脱贫的实效有多大，有没有实施具体的脱贫措施却关注不够，出现本末倒置的现象。

村基层干部要主动承担起这一任务，趁务工淡季多与贫困户沟通交流，真正了解他们生活痛处所在。例如在百豪村，有的农户没掌握养殖技术，导致鸡鸭易染病，死亡率较高；有的农户养殖成本过高，贩售获得的收益太低；有的农户发现市场过于饱和销路太差，只能降价出售。村民辛辛苦苦付出努力却无法实现产业脱贫。上级扶贫小组在制定养殖产业扶贫政策时，照顾到百豪人均耕地很少不适合发展种植业的现实，却忽略了最基本的市场供求规律。村委会要将政策执行受阻、成效不明显这一情况及时向上级反馈，避免政策边际收益的走低和资源的浪费。

四 落实基层扶贫监管执纪问责工作机制，查处干部不作为现象

今后在精准扶贫的过程中要继续修订和完善扶贫督查监管执纪问责制度，加大扶贫工作的审查、监督、考核力度。一是要强化约束管理制度，二是引入独立的第三方参与建立公平合理的绩效考核制度。要定期不定期开展走访

调查、暗访工作。对工作成绩突出、任务完成较好的单位和工作人员给予表彰奖励，对发现存在问题的相关部门和责任人及时提出整改意见。对未按时完成任务或者整改不力的部门和工作人员给予通报批评，并坚决进行问责。在年终考核中实行一票否决，确保扶贫各项工作落到实处、取得实效。保证贫困地区各级专注于精准扶贫精准脱贫。

目前百豪村的监督委员会由 1 名主任、3 名委员组成（和村干部没有交叉任职）。其职责是对各项村务活动进行监督，涉及：村务决策决议执行情况监督；村务、党务公开监督；财务管理及执行情况监督；村级资产管理监督；重大事项监督；村内人事安排监督；村干部工作情况监督；其他涉及村内各种事项的监督。村监督委员会独立于村委会，能够较客观地监督各项工作的开展。但针对村基层绩效的考核当地缺少外部考核机制，以第三方作为评估主体的考核体系能够保证考核结果的公平公正，进一步强化基层组织的帮扶功能，防止"官官相护"的局面出现。

第八章

百豪村深度贫困治理路径分析

精准扶贫实施以来，取得了巨大的成绩，同时面临着前所未有的挑战。在 2020 年实现全部脱贫需要我们对贫困形势和贫困原因有更准确的判断，在发现问题的同时及时纠正并解决问题。对百豪村的精准扶贫精准脱贫的调查正好为我们提供了发现问题的机会。

　　中国地区发展不平衡，不同地区的贫困也表现出不同的形式。当前的农村贫困主要表现为深度贫困和转型贫困两种类型。深度性贫困属于多维度贫困的长期积淀，其致贫原因远比转型性贫困复杂，脱贫难度很大。主要是不同规模的群体性的福利缺失，往往是整个村庄或整个群体的贫困。而转型性贫困主要是指分散性的个体贫困，更多的是自身原因导致的贫困。深度贫困地区是精准扶贫工作的重中之重。[①]

百豪村是典型的深度贫困地区，这里的贫困是多维贫困"长期积淀"的结果。通过实地调查和数据的多维贫困分析，我们发现百豪村的贫困除了收入之外，还有以炊事能源、卫生厕所、饮用水源为代表的基本生活设施的贫困和教育的贫困。如果把基本生活设施和教育都归为基本公共服务大类，那么可以看出百豪村的贫困主要是收入和公共服务两方面的贫困。当然，除了多维贫困分析下的贫困状态表现，长期贫困造成的村民自身对扶贫的依赖文化也是深度贫困地区彻底摆脱贫困的一个阻碍。从外部制度治理上看，驻村第一书记在精准扶贫中起到了重要作用，但一些地方仍有待改进。在当今科学技术发展迅速的信息社会，精准扶贫也应该充分利用科技手段，分享科技进步的红利。

在对百豪村的贫困问题进行分析的基础上可以得出结论，对于深度贫困地区的贫困治理应从多方面实施，以提高脱贫成效。

一　建立可追踪扶贫效果的反馈机制

扶贫是一场持久攻坚战。脱贫后返贫的现象在百豪村这种生态脆弱区不算少数。因为村民家中几乎没有储蓄，一旦遇到重大变故，一夜返贫都是有可能的事情。要真正建成小康社会，全面消除贫困，就必须建立可追踪扶贫效

[①]　李小云：《把深度性贫困的治理作为精准扶贫的重中之重》，《老区建设》2017年第7期。

果的反馈机制。只做好前期的指导工作是远远不够的，预期目标也很难达成。扶贫要更加关注质量，而不是速度和数量。目前工作重点主要放在贫困户的短期收入增加上，而针对他们获得长期稳定能力的投入却不够。短期收入的增加或许可以帮助建档立卡户暂时脱贫，但是这种势头是否能够保持下去，需要相关机制来监测监督。扶贫反馈机制的建立恰好能弥补这一空白。反馈机制是检验政策长效性的有效途径。目前的扶贫政策是否真正适合当地情况，是否帮助农民建立了长效可持续的脱贫产业，都可以在后期的效果中体现出来。

百豪村扶贫过程中，鸡鸭等的定额补助是很重要的一项措施。政策本意是让村民集体发展养殖业，脱贫致富。事实上，许多农民都没有掌握正确的鸡鸭养殖技术，无法判断家中鸡苗鸭苗的健康状况，很难将其养大。不仅如此，村民还面临着这批家禽的销路问题。当地市场饱和，又没有资金去开拓外地市场，费力养出的鸡鸭很难卖上好价钱，甚至都不能收回成本。百豪村地处山区，交通十分不便，单靠村民的个人力量很难把养殖这块做好。应由村委会牵头，把村中个人力量都组织起来。集中培训科学的养殖技术，并做好宣传工作，争取打造出百豪村自己的养殖品牌。在此基础上，村民不仅有了稳定的收入来源，更是具有了一定的抗风险能力。再通过未来一段时间对受益村民的跟踪调查，全面对村中的养殖项目进行打分考察，通过反馈机制了解村民的长期扶贫需求，据此对项目进行调整，旨在建立可持续的、经得起时间环境变化检验的发展项目。

二 结构性制度扶贫与文化性扶贫同时进行

学界将贫困分为外部社会、经济等结构性原因导致的贫困和贫困者自身的思想文化原因导致的贫困。所以在扶贫过程中，政府也应该注重从两个方面来扶贫，一个是外部结构性的扶贫制度的完善、扶贫治理能力的提高、扶贫方式的多样化等，另一个是贫困人口内部自身文化的扶贫，比如反福利依赖。一方面政府通过多种方式实施脱贫，另一方面也要充分调动贫困人口的积极性，让贫困人口主动脱贫。只有外部的结构性制度扶贫与贫困人口的文化价值观念扶贫同时进行，才能算"扶真贫"。

三 加快公共服务和公共基础设施建设

公共服务水平低下很容易造成整个村庄的贫困，对于深度贫困地区，当前应把扶贫资源多用于提高公共服务水平，为村庄修路、安装饮水设施，使用垃圾处理设备，修建卫生厕所等公共卫生服务场所。公共服务水平的提高有助于加快脱贫步伐。同时教育方面不仅要解决学校有没有、有几个的问题，还要解决教育质量的问题，低水平的教育质量可能使得贫困人口仍然处于毫无竞争力的地位，不利于摆脱贫困。教育水平的提高和基本公共医疗服务的建立将有效减少因学致贫和因病致贫。

四 发展集体经济，产业扶贫与市场运行规律相结合

深度贫困地区自然条件恶劣，不利于形成农业产业的规模化，而且集体经济的力量薄弱。但是产业扶贫又是贫困户家庭增加收入的主要方式，因此，有集体经济存在的村委会应该充分发挥集体经济的扶助功能，让集体经济对贫困人口的吸纳成为贫困户增加收入的渠道。同时，在产业扶贫中，行政化的扶贫往往被政府官员当作政治任务，而不是市场行为，所以在确定产业发展方向时不进行市场评估。但产业发展必须遵循市场规律才能产生收益，所以如何处理好政府扶贫的公益性和产业发展的市场性之间的矛盾是产业扶贫的关键所在。

五 扶贫治理力量要与当地乡村治理相结合

扶贫治理力量与当地乡村治理能力最有代表性的结合就是驻村第一书记与当地乡村治理能力的结合。这个结合包括两个方面：一是驻村第一书记与当地县、乡、村各级干部的融合，干部之间的关系理顺了，才有助于第一书记的工作顺利开展；二是第一书记对乡村治理能力的培育和带动。驻村第一书记在工作中要发挥自己的优势，带给乡村新的发展理念和发展方向，更重要的是积极帮助基层组织提高治理能力，这才是可持续的扶贫治理力量。

六　完善社会保险制度，提高社会保障水平

完善社会保险制度是对贫困最有力的预防措施。历史上中国农村的社会保险制度一直比较欠缺，社会保障制度的缺失使得贫困失去了安全网。进入 21 世纪后，农村的医疗养老等社会保险制度才逐步建立起来，但仅是"低水平，广覆盖"，社会保障水平低对于贫困家庭脱贫来说作用甚微，尤其是在新农合制度上。因此，适当提高农村的医疗保险水平，对于预防贫困和治理贫困都是非常重要的。

七　利用现代化科技手段，比如建立贫困户网络信息平台，发展电商扶贫

现代网络技术的进步带动社会向互联网经济和互联网社会发展，互联网技术改变了人们治理国家和社会的方式，人人都从现代技术中受益。扶贫也可以充分利用现代技术进行贫困治理，分享现代技术带来的红利。随着"互联网＋"模式的发展，可以建立贫困户网络平台，帮助贫困地区发展电商扶贫，从而实现脱贫。

附 录

附录一　广西东兰县百豪村调研流程

百豪村是省定贫困村，也是国家级贫困村，是研究精准扶贫政策效果的合适选择。

1. 调研前期

调研前期是调研准备阶段，一是理论知识储备，二是调研计划安排。首先是大量阅读贫困理论、发展经济学方面相关文献著作。在精准扶贫政策出台后就有很多学者率先对政策做了解读，对实行过程中的困难、出现的问题提出了合理的解决方案。其次是在百度百科、政府网站上收集调研地的背景资料、政策资料。为保证调研活动顺利开展，前期还要做好调研准备工作。

①调研地背景资料

百豪村具有贫困村的典型特点，地处高原山区，自然环境恶劣，交通闭塞发展落后等。百豪村的老一辈村民都不会说普通话，只说壮语，沟通起来存在困难。所以需有会说壮语的调研人员，这样不管是问卷还是访谈都不会因为语言而中断，还可以为外地调研员当翻译。

②调研地精准扶贫政策

精准扶贫政策提出之前，各地扶贫都采用一样的政策，没有针对性，是大水漫灌式的粗犷式扶贫。21世纪初的全国扶贫大开发给百豪经济发展带来了短暂的生机。但之后当地政府并没有把扶贫摆在首要战略地位，对扶贫开发的投入有限，留下的可供以后参考的资料非常有限。政策上不够重视，资金上没有支持，百豪的扶贫工作停滞不前。从 2014 年开始，百豪村作为国家级贫困村，开始落实精准扶贫政策，广西壮族自治区加大了对贫困地区的资金投入，支持鼓励贫困县、贫困村提前摘帽，重点发展村集体经济，取得前所未有的扶贫成果。这些资料可通过广西扶贫网收集得到。

2. 调研安排

①时间安排

调研时间定在 2017 年清明节期间。有效调研时间为 3 月 31 日到 4 月 1 日。调研时间的选择一方面考虑到问卷调查员是广西民族大学学生，清明节外出调研不会占用上课时间。另一方面清明节临近壮族的三月三节，三月三节是壮族传统中非常重要的一个节日，外出务工村民大部分都会返乡祭祖，保证样本的充足，防止样本缺失的情况出现。

②人员安排

本次参加百豪村调研的人员共十三位，其中两位来自中国社会科学院，十一位来自广西民族大学。考虑到当地会说普通话的村民较少，户问卷主要由广西民族大学的十名壮族大学生完成。贫困户和非贫困户访谈由他们翻译壮语或者桂柳话。

③调研前培训

十名大学生中有两名是大三女生，田野调研经验比较丰富。比较起来，大一大二学生的调研经验较少，也不熟悉调研流程。再加上户问卷内容繁复，实际操作起来比较复杂。需要调查员熟悉问卷的逻辑，对问题深入思考。所以在开始前对调查员就入户问卷开展培训。培训内容包括问题询问的方式、问卷的填写、针对不确定问题的注意事项。

3. 调研实施

调研的第一天，2017 年 3 月 31 日下午两点左右，我们一行人到达东兰县。百豪在半山腰，东兰在山脚。驻村第一书记刘书记帮我们提前约好了两辆面包车。从东兰到百豪大约需要半个小时车程。盘山公路非常陡峭，只有熟知路况的当地司机才能保证行车安全。在连过几个弯后，我们在百豪村第一个屯子下了车，由村副书记陆元作为当天行程的向导。我们十三人分成三个小组，由于当天时间限制，每人分别完成了一份入户问卷。

2017 年 4 月 1 日，早上七点半从东兰出发，八点左右到达百豪。当天广西民族大学学生分为两人一组，剩下的三人一组，每人早上和下午各完成了一份问卷。上午，老师组与村委会一起完成了村问卷，标记不能确定的数据，如村教育情况、饮用水源比例等，与第一书记做二次确认。

2017 年 4 月 2 日，早上七点半从东兰出发，八点左右到达百豪。大学生小组的任务是每人至少完成两份问卷，老师组的任务是跟随第一书记走访村里的贫困户和脱贫的建档立卡户。

2017 年 4 月 3 日，早上八点左右，书记通知还没有受访的贫困户和非贫困户一起到村委会办公室，做完问卷后进行焦点组访谈。就精准扶贫问题和本村脱贫创收问题群策群议，各抒己见。调研任务完成。

附录二 广西东兰县百豪村调查方法

　　整个调研中采用多种调研方法相结合的方法，可对百豪当地风土人情、发展现状有一个全面的了解。有助于调查者从不同视角考察百豪村精准扶贫工作的开展情况，检验百豪村的扶贫成果，公平公正地评价精准扶贫政策下取得的发展。在实地考察之前，首先使用了相辅相成的多种调查方法，通过随机抽样确定调查对象发放问卷，在当地做问卷的同时选取贫困户和非贫困户进行深访，获取第一手资料时还兼顾了调研区域背景资料和相关文献的收集。

　　1. 文献收集法

　　实地调研之前，应做好充足的准备。一是对贫困理论的研读梳理。主要包括贫困代际传递理论、贫困恶性循环理论、低水平平衡陷阱和贫困的脆弱性研究。扎实的理论基础能够为调查员解答在调研过程中发现的问题，能够让我们更加客观地评价扶贫取得的成果，同时可以帮助我们进一步深入思考精准扶贫工作过程中可以改进的地方。二是收集东兰县百豪村的扶贫资料。调查村的资料主要包括：百豪村地理环境、人口就业信息、土地资源及利用等数据，还有近两年村中经济发展情况、社区设施和公共服务建设情况、村中治理和基层民主情况、村中科教文化工作开展情况、村集体发展建设情况等全方位的资料。此外还有村委会提供的有关精准扶贫、建档立卡的政策资料。改革开放以来的粗犷式扶贫解决了百豪贫困户的基本温饱问题。但由于帮扶措施靶向性不够，精准扶贫以前，百豪村的交通、住房、用水用电等基建设施都非常落后。

2. 实地观察法

这里主要涉及两种方法：现场观察法和访谈法。现场观察法是指调查者带有研究目的性地使用感官或者其他现代化仪器或手段来观察调查对象。观察村里的环境卫生、进村交通、村中用水条件等基建设施，观察被调查对象的行为举止、谈吐习惯以及家中是否配有基本家电等，对贫困户和非贫困户的生活条件做一个基本判断，记录在当天调研日记中。因为这种直接观察较大程度上受调查员的主观影响，并且观察对象有一定的偶然性，因此，调查员借助照相机、录像机和录音笔等现代仪器，客观真实地记录村中建设变化、贫困户和非贫困户的情况。

3. 问卷调查法

问卷调查对象分为贫困户、非贫困户和村委会成员。贫困户和非贫困户使用同一套问卷。贫困户和非贫困户问卷各30份。户问卷包括家庭成员基本信息、社会保险受保情况、年可支配收入、家庭年储蓄金额等指标，收入来源细分为农业收入和非农业收入。此外还有是否配有电视机、洗衣机、电冰箱、机动车等，家中是否有人患慢性病。问卷需要被访者对自己的现状进行评价，判断是否还有改善的空间等。村问卷调查对象为村两委主要干部。一般情况下，很多常用统计数据如果村干部未掌握，在乡镇政府统计部门都能找到。必要时可寻求专门部门的帮助，如教育文化等项目。村问卷包括当地自然地理、人口就业、经济发展、社区发展等项目。从地理、人文、经济发展各方面全面了解百豪村 2016 年的发展情况。

4. 抽样方法

本次调研采用随机抽样方法确定调查范围。抽样调查法指按照一定方式，从调查总体中抽取部分样本进行调查，并用所得结果说明总体情况。它最大的优点是节约人力、物力和财力，能在较短的时间内取得相对准确的调查结果，具有较强的时效性。

本次调查首先建立与村中扶贫第一书记的联系，获得了百豪村贫困户和非贫困户的抽样框。

百豪村共有 729 户居民，其中贫困户为 194 户（含脱贫户），非贫困户 535 户。无论是对贫困户还是非贫困户，本调查皆采用等距抽样的抽样方式。下文分贫困户和非贫困户两方面阐述等距抽样过程，说明最终实施调查抽样清单的获取过程。

由于百豪村贫困户的样本框有 194 户，为了抽出 30 户贫困户，在 194 户贫困户抽样框已经排序的基础上，用 194 除以 30，得到值为 6.47，四舍五入得到每组的户数。然后在每组内按 1~6 进行编号。之后，在第一组产生一个随机数，这里为"2"。然后从每组中抽取编号为"2"的户。

为了在 535 户中抽出 30 户非贫困户，在非贫困户抽样框已经排序的基础上，用 535 除以 30，得到值为 17.83，四舍五入得到每组的户数。然后在每组内按 1~18 进行编号。之后，在第一组产生一个随机数，这里为"12"。然后从每组中抽取编号为"12"的户。

5. 访谈调查法

访谈比问卷深一个层次，访谈的问题一般比较深入，不要求调查对象具有同质性，不像问卷受条条框框的限制，调查员能够获取更多有价值的第一手信息。本次访谈调查涉及三种形式。一是在做入户问卷时的个别访谈，有目的性地对问卷上的问题以访谈的形式进行补充。例如，针对建档立卡户，可询问计划脱贫时间、村里脱贫项目、一对一帮扶项目相关问题，请村民谈谈个人看法。二是在做村问卷时的集体访谈，对村问卷没有包含的内容进行补充。了解村委会干部对扶贫工作的心得体会，对精准扶贫工作在基层开展的合理建议，对村集体未来几年发展的展望规划。三是分别选取十名贫困户和非贫困户的焦点组访谈。焦点组访谈法采用小组的形式，参加访谈的对象都具有至少一个方面的相同点，当天访谈选取一个主题，围绕这个主题展开，群策群议。本次访谈围绕精准扶贫的话题展开，主要包括精准扶贫的识别、扶贫政策的落实、脱贫致富的方法等核心问题。把贫困户和非贫困户分开来进行访谈，得到不同群体的访谈结果。

这种座谈会的访谈方法，时间比较充足，适合做细致深入的访谈交流，得到的信息真实详细，简便易控制，工作效率较高。但由于样本量小，且容易受调查者主观意愿干涉，结果不适合做统计学分析。

参考文献

〔印度〕阿马蒂亚·森:《以自由看待发展》,任赜、于真译,中国人民大学出版社,2002。

〔丹麦〕埃斯平·安德森:《转型中的福利国家:全球经济中的国家调整》,杨刚译,商务印书馆,2010。

〔英〕贝弗里奇:《贝弗里奇报告——社会保险和相关事务》,劳动和社会保障部社会保险研究所译,中国劳动社会保障出版社,2008。

曹海林、任贵州:《农村基层公共服务设施共建共享何以可能》,《南京农业大学学报》(社会科学版)2017年第1期。

陈斌开、曹文举:《从机会均等到结果平等:中国收入分配现状与出路》,《经济社会体制比较》2013年第6期。

陈锋:《分利秩序与基层治理内卷化资源输入背景下的乡村治理逻辑》,《社会》2015年第3期。

陈荣卓、唐鸣:《农村基层治理能力与农村民主管理》,《华中师范大学学报》(人文社会科学版)2014年第2期。

都阳、蔡昉:《中国农村贫困性质的变化及扶贫战略调整》,《中国农村观察》2005年第5期。

房连泉:《国际扶贫中的退出机制——有条件现金转移支付

计划在发展中国家的实践》,《国际经济评论》2016 年第 6 期。

丰凤、廖小东:《农村集体经济的功能研究》,《求索》2010 年第 3 期。

贡森、葛延风、〔挪〕斯汀·库勒(Stein Kuhnle):《中国人类发展报告 2016:通过社会创新促进包容性的人类发展》,中译出版社,2016。

郭伟、曹琳剑:《拓宽我国新农村公共服务设施建设融资途径之我见》,《现代财经》2009 年第 6 期。

郭熙保、周强:《中国农村代际多维贫困实证研究》,《中国人口科学》2017 年第 2 期。

国家统计局住户调查办公室:《中国农村贫困监测报告(2015)》中国统计出版社,2015。

国家统计局住户调查办公室:《中国农村贫困监测报告(2016)》中国统计出版社,2016。

韩克庆、郭瑜:《"福利依赖"是否存在——中国城市低保制度的一个实证研究》,《社会学研究》2012 年第 2 期。

〔美〕乔治·吉尔德:《财富与贫困》,储玉坤等译,上海译文出版社,1985 年。

蒋翠侠、许启发、李亚琴:《中国家庭多维贫困的统计测度》,《统计与决策》2011 年第 2 期。

李红梅:《关于村集体经济组织股份合作制改革的探讨》,《统计与决策》2010 年第 16 期。

李棉管:《技术难题、政治过程与文化结果——"瞄准偏差"的三种研究视角及其对中国精准扶贫的启示》,《社会学研究》2017 年第 1 期。

李小云:《把深度性贫困的治理作为精准扶贫的重中之重》,《老区建设》2017 年第 7 期。

李燕凌、李立清:《农村公共品供给对农民消费支出的影响》,《四川大学学报》(哲学社会科学版) 2005 年第 5 期。

李志萌、张宜红:《革命老区产业扶贫模式、存在问题及破解路径——以赣南老区为例》,《江西社会科学》2016 年第 7 期。

林伯强:《中国的政府公共支出与减贫政策》,《经济研究》2005 年第 1 期。

刘柏惠、寇恩惠.《政府各项转移收支对城镇居民收入再分配的影响》,《财贸经济》2014 年第 9 期。

刘行玉:《村委会行为倾向考察与分析——以鲁东南夏村为例》,《农业经济问题》2011 年第 2 期。

刘解龙:《经济新常态中的精准扶贫理论与机制创新》,《湖南社会科学》2015 年第 4 期。

刘璐婵、林闽刚:《"福利依赖":典型与非典型的理论透视》,《社会政策研究》2017 年第 2 期。

刘小珉:《多维贫困视角下的民族地区精准扶贫——基于CHES2011 数据的分析》,《民族研究》2017 年第 1 期。

陆汉文、岂晓宇:《当代中国农村的贫困问题与反贫困工作——基于城乡关系与制度变迁过程的分析》,《江汉论坛》2006 年第 10 期。

罗震东、韦江绿、张京祥:《城乡基本公共服务设施均等化发展特征分析——基于常州市的调查》,《城市发展研究》2010 年第 12 期。

吕炜、刘畅:《中国农村公共投资、社会性支出与贫困问题研究》,《财贸经济》2008 年第 5 期。

马秋茜:《完善河北省农村公共文化服务设施的路径选择》,《河北学刊》2013 年第 1 期。

聂荣、张志国.:《中国农村家庭贫困脆弱性动态研究》,《农业技术经济》2014 年第 10 期。

史志乐:《1978~2015 中国扶贫演进历程评述》,《中国市场》2016 年第 8 期。

孙才志、汤玮佳等:《中国农村水贫困与城市化、工业化进程的协调关系研究》,《中国软科学》2013 年第 7 期。

孙祁祥、林山君:《中国养老保险制度的收入再分配效应分析》,《财贸经济》2014 年第 5 期。

仝志辉:《农民选举参与中的精英动员》,《社会学研究》2002 年第 1 期。

万广华、张茵:《收入增长与不平等对中国贫困的影响》,《经济研究》2006 年第 6 期。

王朝明、姚毅:《中国城乡贫困动态演化的实证研究:1990~2005 年》,《数量经济技术经济研究》2010 年第 3 期。

王景新、严海淼:《少边穷地区村集体经济有效发展研究——来自新疆和田地区的调查》,《中国集体经济》2011 年第 30 期。

王娟、张克中:《公共支出结构与农村减贫——基于省级面板数据的证据》,《中国农村经济》2012 年第 1 期。

王小林、Sabina Alkire:《中国多维贫困测量:估计和政策含义》,《中国农村经济》2009 年第 12 期。

王亚华、舒全峰:《第一书记扶贫与农村领导力供给》,《国家行政学院学报》2017 年第 1 期。

王延中、龙玉其、江翠萍等:《中国社会保障收入再分配效应研究——以社会保险为例》,《经济研究》2016 年第 2 期。

魏涛:《论新农村公共服务设施的多中心供给模式》,《攀登》2007 年第 1 期。

谢小芹:《"接点治理":贫困研究中的一个新视野——基于广西圆村"第一书记"扶贫制度的基层实践》,《公共管理学报》2016 年第 3 期。

许汉泽、李小云:《精准扶贫背景下驻村机制的实践困境及其后果—以豫中 J 县驻村"第一书记"扶贫为例》,《江西财经大学学报》2017 年第 3 期。

薛继亮、李录堂、罗创国:《基于功能分类视角的中国村集体经济发展实证研究——来自陕西省三大区域 494 个自然村的经验》,《四川大学学报》(哲学社会科版)2010 年第 5 期。

杨芳:《驻村"第一书记"与村庄治理变革》,《学习论坛》2016 年第 2 期。

杨龙、汪三贵:《贫困地区农户的多维贫困测量与分解——基于 2010 年中国农村贫困监测的农户数据》,《人口学刊》2015 年第 2 期。

杨宜勇、吴香雪:《中国扶贫问题的过去、现在与将来》,《中国人口科学》2016 年第 5 期。

杨振、江琪、刘会敏、王晓霞:《中国农村居民多维贫困测度与空间格局》,《经济地理》2015 年第 12 期。

叶敬忠、汪淳玉:《村委会在新农村建设中的角色》,《中国农村经济》2008 年第 12 期。

易定红、张维闪、葛二标:《中国收入分配秩序:问题、原因与对策》,《中国人民大学学报》2014年第3期。

于静、蔡文婷:《农村公共服务设施建设现状及规划对策》,《山西建筑》2012年第9期。

于潇、Peter Ho:《村委会行为、村干部特征与农民收入——基于CFPS 2010数据的实证分析》,《农业技术经济》2014年第7期。

张广辉:《村集体内部的土地红利分配:成员权和收益权的冲突与协调》,《现代经济探讨》2013年第11期。

张明艳、田卫民、孙晓飞:《农村社区公共服务设施建设:问题与对策》,《理论与改革》2013年第4期。

张全红、周强:《中国多维贫困的测度及分解:1989~2009年》,《数量经济技术经济研究》2014年第6期。

张珊珊、吴春梅:《农村公共服务支出的济贫效应分析》,《华中农业大学学报》(社会科学版)2016年第5期。

张伟宾、汪三贵:《扶贫政策、收入分配与中国农村减贫》,《农业经济问题》2013年第2期。

张翼:《当前中国精准扶贫工作存在的主要问题及改进措施》,《国际经济评论》2016年第6期。

张昭、杨澄宇、袁强:《收入导向型多维贫困测度的稳健性与敏感性》,《劳动经济研究》2016年第4期。

赵武、王姣玥:《新常态下"精准扶贫"的包容性创新机制研究》,《中国人口·资源与环境》2015年第11期。

郑杭生、李棉管:《中国扶贫历程中的个人与社会——社会互构论的诠释理路》,《教学与研究》2009年第6期。

郑寿庆:《村集体经济发展现状及对策》,《现代农业科技》2011 年第 21 期。

周怡:《贫困问题研究——结构解释与文化解释的对垒》,《社会学研究》2002 年第 3 期。

邹薇、方迎风:《怎样测度贫困:从单维到多维》,《国外社会科学》2012 年第 2 期。

A. Sen, "Poor, Relatively Speaking," *Oxford Economic Papers* 35,2(1983).

Ayala L. , M. Rodriguez, "What Determines Exit from Social Assistance in Spain?," *International Journal of Social Welfare* 16,2(2010).

B.O'Connor, "The Intellectual Origins of Welfare Dependency," *Australian Journal of Social Issues* 36,3 (2001).

Chuliang Luo, "Economic Restructuring, Informa Jobs and Pro-poor Growth in Urban China," *Asian Economic Journal* 25,1(2011).

Henry Aaron, "The Foundations of the War on Poverty Reexamined," *American Economic Review* 57,5 (1967).

J. Kaplan, "Prevention of Welfare Dependency:An Overview," *Issue Notes* 5,20 (2001).

Lawrence Mead, "The Logic of Workfare: The underclass and Work Policy," *The Annals of the American Academy of Political and Social Science* 501,1(1989).

M. Cooke, "A Welfare Trap? The Duration and Dynamics of Social Assistance Use among Lone Mothers in Canada," *Canadian Review of Sociology* 46,3 (2010).

M. Hill, *Social Polly in the Modem World: A Comparative Text* (Oxford: Blackwell Publishing, 2006).

M. Ybarra, "Should I Stay or Should I Go? Why Applicants Leave the Extended Welfare Application Process," *Journal of Sociology and Social Welfare* 38,1(2011).

N. Beaulieu, J.Y. Duclos and B. Fortin et al., "Intergenerational Reliance on Social Assistance: Evidence from Canada," *Journal of Population Economics* 18,3(2005).

Shenggen Fan, and ChanKang et al., "National and International Agricultural Research and Rural Poverty: The Case of Rice Research in India and China," *Agricultural Economics* 33, 3 (2005).

后 记

  贫困是长期历史积累的问题，是全球共同面临的难题。中国作为世界上最大的发展中国家，一直坚定不移地同贫困做斗争，走出一条富有中国特色的扶贫之路，这一过程大大充实了人类反贫困经验宝库。精准扶贫的提出促进了中国反贫事业的主体瞄准性、资源利用率的提升，让越来越多的贫困人口享受到改革开放、经济发展的社会成果。同时伴随着扶贫工作的深入开展，政府在其中的主体地位慢慢被社会各界力量共同取代，更多地扮演引导当地发展的角色；贫困人口从被动地接受物资补助变为主动参与到帮扶过程中，主导自己的命运走向；人们从扶贫实践中不断吸取教训、总结经验，充实创新贫困理论。贫困人口的脱贫致富是全面建设小康社会的重要一环，各种反贫扶贫措施有助于中国社会的整体进步，缓和过大的收入差距引起的潜在社会矛盾。

  精准扶贫是扶贫理念的突破和创新，贫困地区的精准扶贫政策效果亟待检验。"百村"调研组的工作成果具有极强的政策意义，对国际反贫事业的发展具有推动作用。经过近一年的调研整理，书籍终于有了初步成果。本书的观点意见基于真实的调研数据，针对百豪村扶贫工作的进一步开展提出建议，并结合理论剖析问题背后的深层原因。

感谢各位学者在贫困研究领域做出的巨大贡献，感谢每一位认真参与调研的课题组成员，他们在一线的辛苦调研是后期一切成果的基石。

感谢中国社会科学院开展此次项目，为调研提供政策指导、资金支持。

感谢广西民族大学李春华老师为调研提供的帮助，感谢广西民族大学本科生积极参与百豪村当地的调研，感谢百豪村驻村第一书记刘周全对调研的大力支持。有了他们的帮助，即使在语言不通的情况下，项目依然可以顺利开展。

感谢张车伟教授为本书提出宝贵的鉴定意见，感谢出版社成员为书稿提供修改意见，让书稿的结构更加紧密，逻辑更加清晰，最终使书稿符合出版的要求。

"众人拾柴火焰高"，一本书的出版离不开众人的努力，在本书的编写完成之际，课题组成员集体向在成书过程中提供帮助的人们表示感谢。

侯慧丽　黄婉婷

2018 年 7 月 10 日

图书在版编目（CIP）数据

精准扶贫精准脱贫百村调研. 百豪村卷：深度贫困地区的多维贫困治理 / 侯慧丽，黄婉婷著. -- 北京：社会科学文献出版社，2018.12

ISBN 978-7-5201-3771-3

Ⅰ.①精… Ⅱ.①侯… ②黄… Ⅲ.①农村-扶贫-调查报告-东兰县 Ⅳ.①F323.8

中国版本图书馆CIP数据核字（2018）第246011号

· 精准扶贫精准脱贫百村调研丛书 ·

精准扶贫精准脱贫百村调研·百豪村卷
——深度贫困地区的多维贫困治理

著　　者 / 侯慧丽　黄婉婷

出 版 人 / 谢寿光
项目统筹 / 邓泳红　陈　颖
责任编辑 / 陈　颖　郭　欣

出　　版 / 社会科学文献出版社·皮书出版分社（010）59367127
　　　　　　地址：北京市北三环中路甲29号院华龙大厦　邮编：100029
　　　　　　网址：www.ssap.com.cn
发　　行 / 市场营销中心（010）59367081　59367083
印　　装 / 三河市尚艺印装有限公司

规　　格 / 开　本：787mm×1092mm 1/16
　　　　　　印　张：15.5　字　数：150千字
版　　次 / 2018年12月第1版　2018年12月第1次印刷
书　　号 / ISBN 978-7-5201-3771-3
定　　价 / 59.00元